Christian Gellinek

Philipp Scheidemann

Christian Gellinek

Philipp Scheidemann

Eine biographische Skizze

1994

BÖHLAU VERLAG KÖLN WEIMAR WIEN

Meinen beiden Söhnen Torsten und Jens Gellinek zum Herbst 1993 und dem Göttinger Staatsrechtler und Schöpfer der Integrationslehre Professor Dr. Rudolf Smend (1882-1975) dankbar in Erinnerung an sein Staatstheoretisches Seminar gewidmet

Die Deutsche Bibliothek - CIP-Einheitsaufnahme

Gellinek, Christian:
Philipp Scheidemann : eine biographische Skizze / Christian Gellinek. - Köln ; Weimar ; Wien : Böhlau, 1994
ISBN 3-412-14593-9

Umschlagabbildung:
Philipp Scheidemann, ca. 1918 (Bundesarchiv Koblenz)
Umschlaggestaltung: Stephanie Jancke

© 1994 by Böhlau-Verlag GmbH & Cie., Köln
Alle Rechte vorbehalten

Druck und Bindung: WS Druckerei, Bodenheim
Printed in Germany
ISBN 3-412-14593-9

Inhaltsverzeichnis

ERSTER TEIL: Lebenswerk
1.1 Hintergrund: Erinnerung beim Tode im Ausland ... 7
1.2 Isolierung des Nachlasses ... 10
1.3 Forschungsstand heute ... 13
1.4 Werkbiographie als Aufgabe ... 14
1.5 Vom Drucker zum Chefredakteur ... 16
1.6 Scheidemanns Persönlichkeit ... 21

ZWEITER TEIL: Politische Karriere
2.1 Im Deutschen Reichstag ... 24
2.2 Internationale Friedensbemühungen ... 28
2.3 Im Interfraktionellen Ausschuß ... 32
2.4 Staatssekretär ohne Portefeuille ... 37
2.5 Volksbeauftragter ... 48
2.6 Reichsministerpräsident ... 56
2.7 Oberbürgermeister von Kassel ... 63
2.8 MdR - "Freiheitskämpfer" in Lebensgefahr ... 68

DRITTER TEIL: Scheidemanns Vermächtnis
3.1 Was bleibt von seinem Ansehen? ... 75
3.2 Warnungen, Flucht und Kopenhagener Kontakte ... 81
3.3 Revisionismus: Memoiren Band I, II und III ... 87
3.4 Die richtige Voraussage über Adolf Hitler ... 94
3.5 Würdigung seines Vermächtnisses ... 97

VIERTER TEIL: Dokumentation
4.1 Verzeichnisse und Nachweise ... 101
4.2 Philipp Scheidemanns Daten ... 104
4.3 Veröffentlichungen Philipp Scheidemanns ... 110
4.4 Literatur über Scheidemann und seine Zeit ... 117
4.5 Scheidemann-Dokumente ... 119

ERSTER TEIL: Lebenswerk

1.1 Hintergrund: Erinnerung beim Tode im Ausland

Nur wenige Bundesbürger können sich heutzutage an Politiker früherer Regierungsepochen erinnern, während verdienstvolle wie kraftlose Monarchen noch Jahrhunderte nach ihrer Zeit Aufmerksamkeit erregen. Hat ein Reichspolitiker keine Stiftung hinterlassen, sind auch kaum Straßen nach ihm benannt, so verblaßt sein Tagesruhm ohne Denkmal umso eher. Im Herzen ihres Volkes leben die beiden Umsturzpolitiker der Weimarer Republik, Scheidemann und Ebert, nicht. So werden diejenigen, die politisch Bescheid wissen, gerade noch sagen können, daß dieser 1918 vom Reichstag aus die deutsche Republik ausgerufen hat, jener, obwohl Sattler geringen Standes, der Reichspräsident vor Hindenburg gewesen war.

Wer sich die Mühe macht, im Spreebogen Berlins am Reichstag vorbeizufahren, wird an dessen Südseite eine kurze Strecke die Scheidemannstraße in Richtung Osten entlangfahren und vielleicht die alte Simsonstraße, die erst 1976 nach Scheidemann umbenannt wurde, wiedererkennen.

In Münster heißt die von Kaiser Wilhelm II. wiedergegründete moderne Universität bis heute "Westfälische Wilhelms-Universität". Dieser Titel wurde ihr 1907 verliehen. Das ausgebombte und wiedererbaute Schloß und Universitätshauptgebäude liegt hinter einem großen Stadtplatz, der in schöner historischer Eintracht 1928 in "Hindenburg"-Platz nach dem glücklosen Reichspräsidenten, der Ebert im Amt folgte, nicht etwa nach Hindenburg als Sieger von Tannenberg, umgenannt wurde. Eine Scheidemannstraße sucht man in Münster vergebens. Als Scheidemann am 9. November 1918 die Republik ausrief, legten vielmehr der Rektor Julius Smend und der Senat der mobverachtenden jungen Universität Münster das einmütige Bekenntnis ab, daß ihre monarchische Gesinnung durch den Gang der politischen Ereignisse nicht erschüttert werden könne.

Zwar wurde diese Ergebenheitsadresse nicht nach Spa abgeschickt, aber erhalten hat sie sich nichtsdesto weniger dennoch im Stadtarchiv. Woran erinnerte sich der Deutsche damals und was verdrängt er heute?

Ironischerweise erinnern sich viele Beobachter an Wilhelms verkrüppelte [linke] Hand, aber vergessen ist, daß Scheidemann bis 1934 als der "berühmte Politiker der verdorrten [rechten] Hand"[1] bekannt gewesen ist, ja geradezu als "Novemberverbrecher" tituliert wurde, der von 1917 bis 1919 für einen Verständigungsfrieden eintrat, den man damals geringschätzig "Scheidemann-Frieden" nannte. Wie leise darf heute die Trommel der Erinnerung geschlagen werden, um ein Signal zu setzen?

Vor diesem Hintergrund wird es nicht einfach sein, die Akzente der Darstellung richtig einzusetzen und nicht in überzogene Werturteile zu verfallen. Der Verfasser geht jedoch von der Prämisse aus, daß Philipp Scheidemann sowohl von der Arbeiterklasse wie auch den Gebildeten zu Unrecht vergessen worden ist. Diese biographische Skizze will sich daher der Mühe unterziehen, sein Bild, sein Wirken und sein Vermächtnis aufgrund neu zutage getretener Dokumente in die deutsche Kollektiverinnerung zurückzurufen. Es handelt sich um neues Material aus dem weit verstreuten Nachlaß über wichtige Fragen deutscher Geschichte.

Scheidemanns Sterben im Exil möge unseren biographischen Anknüpfungspunkt bilden. Als er am 29. November 1939 in Kopenhagen starb, hatte der Zweite Weltkrieg begonnen und wurde der verfemte Scheidemann in Nazi-Deutschland totgeschwiegen. Dennoch berichtete die Kieler "Stapo" sein Ableben telegraphisch nach Berlin. Die Erinnerung an den Arbeiterführer im Ausland ist gut belegt. International bekannt, wurde er als berühmter deutscher Parlamentarier geehrt, so daß sich die Beisetzung im Bispebjerg Krematorium zu Kopenhagen "zu einer politischen Demonstration gestaltete"[2]. Er erhielt eine große Anzahl von Nachrufen in allen skandinavischen Sprachen, Französisch und Englisch. Stellvertretend für mindestens 25 überlieferte Nachrufe sei hier die Washington Post genannt. Sie veröffentlichte am 2. Dez. 1939 ihren Nachruf auf den fast fünfundsiebzigjährigen Philipp Scheidemann. Sie pries ihn als die letzte der großen Gestalten des deutschen Vorkriegssozialismus. "Jede Schlacht hat er verloren, außer derjenigen um seine persönliche Integrität," heißt es im Schlußsatz.

---

[1] ZPA IV St 3/850 S. 35.
[2] Stapo-Telegramm vom 7. Dez. 1939/ ZPA SED/ RSHA IV P str. 33/43 Bl. 1-70; 11.

Die Nachricht von seinem Tode hatte sich wie ein Lauffeuer verbreitet. Auf dem Totenbett hatte ihm sein politischer Exilgefährte Otto Buchwitz, der ihn gerade im Krankenhaus besuchte, gegen vier Uhr nachmittags die Augen zugedrückt[3]. Tag und Stunde sind in Scheidemanns letztem Taschenkalender von seiner mittleren Tochter Luise Scheidemann (1891-1955) säuberlich vermerkt[4]. In einem nachgelassenen Abschiedsgedicht[5] hatte der alte Herr seinen Schöpfer gebeten, er möge ihn im "Freiheitskampf" sterben lassen. Im übertragenen Sinne ist das dem alten Reichskanzler a.D. gelungen. Der spätere Kopenhagener Bürgermeister Hans P. Sörensen, der Folketingsabgeordnete, von Beruf Chefredakteur des dänischen Regierungsblattes "Socialdemokraten", ehrte den verstorbenen deutschen Arbeiterführer mit einem "Ekstrabladet", das auf den Zeitungsständen am 4. Dez. erschien. Die Dansk Andelstrykkeri druckte ein würdevolles Beisetzungsprogramm, das mit dem Andante aus Haydns Kaiserquartett, dem Herkunftsthema der deutschen Nationalhymne, eingerahmt wurde. Sein nachgelassenes "Gebet"-Gedicht wurde in Oscar Hansens dänischer Übersetzung zu seinen Ehren während der Feierstunde verlesen[6]. H. P. Sörensen sprach anläßlich der Einäscherung zu führenden Persönlichkeiten der dänischen Sozialdemokratie und zu einer großen Menge von Emigranten.

Im Ausland sah man offensichtlich in Philipp Scheidemann einen wichtigen, noch nicht vergessenen Friedensführer, der Dänemark, wie er seinem Freunde H. P. Sörensen im Abschiedsbrief geschrieben hatte, als "eine zweite Heimat ... lieben lernte". Scheidemann hatte die letzten fünfeinhalb Jahre seines langen Lebens im Exil zu Kopenhagen[7] zugebracht und war mit mehreren dänischen Parteigenossen befreundet. Bis zuletzt hatte er mit der ihm eigenen Energie sein literarisches Testament aufgeschrieben und vollendet. Scheidemann war, nachdem er einmal 1924 eine internationale Buchdruckerdelegierten-Konferenz nach Kassel einberufen hatte, weltweit immer noch

---

[3] NL 95/55/ S. 3-4. Buchwitz (1874-1964), der sich von 1933-40 in Kopenhagen aufhielt, kannte Scheidemann gut. Dieser Todesumstand wird von Sepp Schwab in einem Bf. v. 6. 8. 1959, ebdt. S. 2, wiederholt. Buchwitz war später Präsident des Deutschen Roten Kreuzes der DDR.
[4] Nachlaß im PPS. Sie führte ihm in Kopenhagen den Haushalt.
[5] Auf Wunsch Scheidemanns darf das Gedicht nur vollständig abgedruckt werden. Ursprünglich war es dreistrophig auf seinen Parteigenossen und Freund, den 1931 verstorbenen Reichskanzler Hermann Müller gemünzt. Es wird in einem größeren Zusammenhang unten zitiert.
[6] Den vollständigen Text geben wir in 2.8 unten.
[7] Nach ZKA NL 95/55 S. 3 war die Adresse Strandboulevard 16, vierter Stock "eine recht anständige Wohnung".

als "Typograph" bekannt. Als politischer Schriftsteller ist er heute nur noch wenigen geläufig.

1.2 Isolierung des Nachlasses

1940 wurden seine nachgelassenen Manuskripte aus Angst vor Nachstellungen in Kopenhagener Erde vergraben. So tragen die noch zu Lebzeiten verfaßten Tippseiten, die durchweg mit Verbesserungen von Scheidemanns Hand versehen sind, Wasserspuren an den Papierrändern als Echtheitszeichen. Seit dem Abmarsch der deutschen Truppen aus Dänemark ist dieser literarische Nachlaß von dem Freund Scheidemanns, dem uns schon bekannten OB Sörensen, im dänischen Arkiv der Arbederbibliothek versiegelt aufbewahrt worden. 1946 wurden auf ihre Bitte hin Luise Scheidemann die nachgelassenen Papiere ihres Vaters, da sie ihr als Erbin zustanden, in Kopenhagen ausgehändigt. Die langjährige Sekretärin Scheidemanns bestätigt die Echtheit der nach den Originalen abgetippten Typoskripte, und der Bürgermeister von Kopenhagen bestätigt deren Authentizität[8]:

"Erklärung.
   Die von mir im Jahre 1946 ins Reine geschriebenen 118 Seiten dieses Manuskriptes zum dritten Band der Memoiren und 63 Seiten, betitelt "Den Bestien entschlüpft", stammen nach meiner genauen Kenntnis seiner Schreibweise und der handschriftlich von ihm selbst vorgenommenen Verbesserungen und Zusätze ganz unverkennbar und unzweifelhaft von Philipp Scheidemann.
   Meine Kenntnis seines Stiles und seiner Arbeitsweise stammen aus den Jahren von 1936 bis 1939, in denen ich regelmässig für ihn gearbeitet habe.
            Friedel Thieme
            (Unterschrift)
Kopenhagen, 19. August 1947
Rosenborggade 9,4
Telefon Palae 7647 x   [darunter handschriftlich]:

Ich bekräfte [sic] obenstehende Erklärung
20. 8. 1947 H. P. Sörensen Overborgmester i Kobenhavn"

Luise Scheidemann hatte die Nachlaßpapiere von dieser Sekretärin mit den eingetragenen Verbesserungen, die ich z.T. nachgeprüft habe, in Reinschrift tippen lassen, da sie

---

[8] Originaldokument im PPS.

folgendes Schreiben, dat. Kopenhagen 16. 12. 45, erhalten hatte:

Liebe Genossin,
der Parteivorstand in London schreibt mir, dass der Genosse Wilhelm Dittmann mitgeteilt habe, Ihr Vater hätte einen dritten Band seiner Memoiren geschrieben und das Manuskript sei möglicherweise in Kopenhagen. Ich bin gebeten worden, bei Ihnen anzufragen, ob das Manuskript in Sicherheit ist, wo es sich befindet und ob schon Schritte unternommen sind, es zu veröffentlichen. Ich wäre Ihnen sehr dankbar, wenn ich die Informationen erhalten könnte. Mit Parteigruß GWolter
SPD Landesgruppe Dänemark[9]

Die gewünschte Information gelangte an den ehemaligen Mit-Volksbeauftragten Scheidemanns, Wilhelm Dittmann, nach Zürich. Sein am 27. Jan. 1946 an Wolter datierter Brief ist erhalten:

"Lieber Genosse Wolter! Genosse Heine[10] in London hat mir Ihre Auskunft über Scheidemanns Manuskript übermittelt. Offenbar haben Sie das Manuskript nicht selber gesehen, und Sie kennen wohl auch Scheidemanns Handschrift nicht: Jeder Strich einen Millimeter dick, wie mit einem Streichholz geschrieben. Die Handschrift kann nicht ausbleichen.[11]
Ich vermute, der Freund Scheidemanns, von dem sich seine Tochter beraten lässt, nimmt Anstoss an der ungeschminkten Sprache des Manuskripts und möchte es umschreiben lassen, um die drastischsten Stellen ausmerzen zu können. Damit aber würde die von Scheidemann mit dem Buch verfolgte Absicht zunichte gemacht.
[...] In diesem dritten Erinnerungsband wollte Scheidemann manche der im zweiten Band vielfach nur angedeuteten oder verschleiert wiedergegebenen Dinge und Zusammenhänge, [...] ungeschminkt schildern, sowohl zum Verständnis seiner eigenen Haltung wie im Interesse der historischen Wahrheit. Deshalb darf man an dem Manuskript nichts ändern. [...] Es ist ein Pendant zu Bismarcks dritten [sic] Erinnerungsband, in dem er sich ungeschminkt über Wilhelm II äussert.
Scheidemanns Tochter, der Sie ja diese Zeilen unterbreiten können, würde dem Andenken ihres Vaters dienen und seinem Willen entsprechen, wenn sie an dem Manuskript nichts ändern läßt. Mit den herzlichsten Grüssen Ihr Wilhelm Dittmann."[12]

Daraufhin verhandelte Fräulein Scheidemann, die von Kopenhagen aus die Manuskripte ihres Vaters zum Druck "fördern" wollte, mit den Sprechern der deutschen Nachkriegs-SPD. So schickte sie die beiden fraglichen Typoskripte an den Nachfolger im Parteivorsitz, Dr. Kurt Schumacher[13]. Sie wurde aber bei der Verwirklichung ihrer

---
[9] Nach Kopie dieses Schreibens im PPS.
[10] Es handelt sich um den noch heute lebenden ehemaligen Sekretär im SPD-Parteivorstand zu London und Hannover, Fritz Heine, der eine Biographie über Dr. Kurt Schumacher verfaßt hat.
[11] Die Beobachtung ist natürlich richtig. Nur wird Scheidemann seine Typoskripte, geschweige denn die handschriftlichen Vorlagen kaum anderen SPD-Exil-Politikern gezeigt haben!
[12] Durchschrift der im PPS bewahrten Kopie.
[13] Brief an Schumacher vom 2. 2. 1948, ASD Godesberg, offene Akte Scheidemann.

töchterlichen Ehrenpflicht vom zweiten SPD-Vorsitzenden Erich Ollenhauer zurückgehalten[14], obwohl er nicht umhin konnte, den historischen Wert der Typoskripte, von denen er ungebeten Kopien anfertigen ließ[15], anzuerkennen. Kurz vor ihrem Tode schrieb der Parteifreund ihres Vaters, der SPD- Bundestagsabgeordnete Jakob Altmeier[16], in einem zeitgeschichtlich bedeutenden Dokument an Luise Scheidemann u.a.:

"Ich freue mich dass Sie ebenfalls wegen des Manuskripts Ihres Vaters meine Auffassung teilen. Es geht jetzt nicht. Die Partei ist in einer so schweren und heiklen Lage, dass man dieses Opfer einstweilen bringen muss. Es wird die Zeit kommen, in der uns kein Vorwurf gemacht werden kann. ... Auf Wiedersehen Ihr Jakob Altmeier"

Nach dem Tode Luises gelangte der gesamte Restnachlaß[17] in die Hände der Enkelin Scheidemanns, aus dem hier mit Erlaubnis der Nachlaßverwalterin auszugsweise als Privatnachlaß Pirschel-Scheidemann, abgekürzt PPS, zitiert wird. Das Vorstandsmitglied Fritz Heine hielt auch noch 1965 eine Herausgabe des Memoirenbändchens für nicht opportun. In der langen Zwischenzeit ist der Nachlaß auch den Abgesandten des Bundesarchivs Koblenz, darunter Dr. Mommsen, und dem Herausgeber der Reichskanzlerakten des Kabinetts Scheidemann, Prof. Hagen Schulze, sowie Frau Dr. Sybil Milton aus den USA, verschlossen und unzugänglich gewesen. Jetzt ist zwar die Herausgabe verbatim immer noch nicht zugestanden worden, aber die Isolierung des Nachlasses von der Wissenschaft ist überwunden. Der Verfasser ist der Nachlaßverwalterin dankbar, daß Sie ihm Typoskript- und Dokumentkopien, die er nachvergleichen konnte, neun Monate zur gründlichen Auswertung leihweise übergeben hat. Aus ihnen wird hier zur Unterstützung bestimmter Argumente in wissenschaftlich üblicher Weise zitiert.

---

[14] Schreiben an Luise S. vom 25. 2. 1948. Für das Erscheinen des Ms.s wurde der J. H. W. Dietz Verlag, jedoch nicht zum damaligen Zeitpunkt empfohlen: ASD offene Akte Scheidemann.
[15] Diese enthält die nichtzugängliche Scheidemann-Akte des ASD Bad Godesberg.
[16] Unter dem Datum vom 2. Juli 1955: ASD.
[17] Abschriften der eigentlichen Manuskripte erhielten die Nachkommen der jüngsten Tochter Scheidemanns bereits 1946.

1.3 Forschungsstand heute

Da der Restnachlaß Scheidemanns so lange zurückgehalten wurde, ist es vor dieser Studie nicht möglich gewesen, eine wissenschaftliche Biographie aus den Quellen zu verfassen. Zwar gibt es Teilwürdigungen über seine Reichsministerpräsidentenzeit von Hagen Schulze und in einer Reihe aller deutschen Kanzler von Horst Lademacher sowie eine tiefschürfende Gedenkrede Golo Manns. Über seine Tätigkeit als Volksbeauftragter haben Susanne Miller und Heinrich Potthoff genaue Studien vorgelegt. Es ist aber etwas Mißliches, wenn ein Mann, dem das Vaterland große politische Anstrengungen verdankt, diesem nicht als Mensch mit seinen Lebensstationen bekannt ist. Hat er nicht dreißig Jahre lang im Deutschen Reichstag mit großer Ausdauer gewirkt? Seine Haupttätigkeit für das Deutsche Reich, die sich auf die Zeit von April 1917 bis zum Juni 1919 erstreckt, ist relativ gut erforscht; seine Oberbürgermeisterzeit ist wegen der Bombenvernichtung des Kasseler Stadtarchivs bisher nicht erforscht. Seine Exilzeit ist in Deutschland bis heute unbekannt geblieben.

Das bisherige Fehlen einer Biographie Scheidemanns hängt zum Teil mit seiner Stellung in der Sozialdemokratischen Partei Deutschlands und mit der Verfolgung durch Goebbels zusammen und beruht andererseits zum kleineren Teil auf seinen relativ kurzen Amtszeiten als Staatssekretär ohne Portefeuille[18] (1918), als Volksbeauftragter (1918-19) und als Reichsministerpräsident vom 13. Februar bis zum 20./21. Juni 1919. Das über fünfzig Jahre währende Nachexil der persönlichen Papiere Scheidemanns ist wenigstens insoweit beendet, als die Erforschung Scheidemanns nun unter Berücksichtigung seines Werdegangs und privater wie öffentlicher Dokumente einsetzen kann.

Scheidemann war nicht nur als Politiker, parlamentarischer Redner par excellence und Parteiführer der Arbeiterschaft tätig, sondern hinterließ eine Reihe von Büchern und Broschüren von unterschiedlich hohem Quellenwert. Sie werden hier zum ersten Mal, systematisch und chronologisch geordnet, als Verzeichnisse im Dokumentationsteil vorgelegt und gewürdigt.

---

[18] Das entspricht in unserer heutigen Terminologie einem Bundesminister.

1.4 Werkbiographie als Aufgabe

Scheidemann wird in diesem Büchlein auch selbst zu Worte kommen und es dem Leser ermöglichen, sich ein eigenes Urteil zu bilden. Der Akzent soll auf das Werkbiographische gesetzt werden, nicht auf Parteigeschichte. Der Verfasser versucht also, ein Bild von Scheidemann als Individuum zu zeichnen und seinen Charakter herauszuarbeiten, sofern sich dieser in seinem eigenen Schaffen herausgebildet hat. Ohne die dankenswerten Hilfe der Nachlaßverwalterin und verschiedener hilfsbereiter Wissenschaftler wäre diese Arbeit stecken geblieben.

Der Verfasser ist der UB Münster am Krummen Timpen und am Platz der Weißen Rose, sowie dem Archiv der sozialen Demokratie der Friedrich-Ebert-Stiftung und Herrn Dr. Cartharius für Teileinsicht in ihr Scheidemann-Material verpflichtet. Er dankt auch Herrn Stadtarchivar Klaube (Kassel) für Materialbeschaffung sowie den Herren Dr. Ritter, Dr. Lenz und Dr. von Jena vom Bundesarchiv Koblenz für intensive Gespräche[19]. Einige Änderungen gehen auf Herrn Professor Detlef Junker (Heidelberg) zurück. Als sehr hilfreich erwies sich eine weitere Durchsicht durch Herrn Kollegen Professor Ingo Materna (Humboldt-Universität Berlin).

Wie für viele aufrechte deutsche Politiker, die ihr Heil in der Flucht ins Exil sehen mußten, stellte die Machtergreifung am 30. Januar 1933 für Philipp Scheidemann einen großen Einschnitt dar. Da die Nationalsozialisten Philipp Scheidemann bereits 1933/34 als prominenten lebenden Systemgegner anprangerten[20], sein Privatarchiv konfiszierten[21], ihn ausbürgerten[22] und ihn politisch ohne Anfechtungsmöglichkeiten als "Hochverräter" verunglimpften, ballten sich, verschärft durch die Finanzknappheit im Exil, massive Kräfte gegen ihn zusammen. So wurde er um die Früchte seiner zähen literarischen Arbeit früherer Jahre und seine Amtspension betrogen. Der Verlust seiner

---

[19] Das Bundesarchiv leistete gute archivalische Vorarbeit für Arbeitsaufenthalte am Moskauer Osobij (=Sonder-) Archiv in: Der Archivar 45. Jahrgang vom 3. Juli 1992, S. 456-68.
[20] Die ehrenrührigste Verleumdung wurde gegen Scheidemann von einem Lohnschreiber Goebbels im "Angriff" Berlin 10.-27. Nov. 1934 erhoben, s. dazu unten Abschnitt 2.8.
[21] PPS: Geheimes Staatspolizeiamt B Nr. 15 903-1 1 B. gez. Dr. Bode in der beglaubigten Abschrift der Kanzleiangestellten Schmidt, Berlin SW 11, den 28. Mai 1934. Danach wurden die in Berlin-Charlottenburg, Sybelstr. 16 u. Berlinerstr. 67, "sichergestellten Aufzeichnungen und Druckschriften des Philipp Scheidemann, zurzeit im Auslande, zugunsten des Preußischen Staates eingezogen."
[22] Scheidemann rangierte in der Illustriertenabbildung an erster Stelle, weit vor den berühmtesten geflohenen Schriftstellern.

archivalischen Unterlagen erschwerte es dem Verfasser besonders anfangs, werkbiographische Rekonstruktionen zu versuchen. Als Ausgebürgerter konnte Scheidemann weder unter seinem Namen veröffentlichen, sich verteidigen[23], noch etwa Suchanzeigen nach seinen verlorengegangen Broschüren und Büchern aufgeben, ohne Repressalien befürchten zu müssen.

Der Verfasser ist jetzt nach seinen abschließenden Archivreisen in Moskau, Berlin und Potsdam überzeugt, daß die seinen Aufzeichnungen zugrundeliegenden Tagebücher (s. unten Abschnitt 2.3), die der Politiker Scheidemann von 1914-19 abends geführt hatte, nach den Verfälschungen durch die Gestapo von ihr oder einer ungenannten Goebbels-Behörde verbrannt worden sind, um die Wahrheit zu unterdrücken. Sonst hätte die Wiederentdeckung des Gestapomaterials im Moskauer Sonderarchiv zu weiteren Materialfunden, und zwar entweder solchen, die heute im Verbund Archiv/Bibliothek/Technische Werkstätten des Parteivorstands der PDS zu Berlin[24] oder im Bundesarchiv zu Potsdam liegen, führen müssen. Ich danke den Archivdirektoren Herrn Prof. Dr. Pichoja und Herrn Dr. Bondarev d.Ä. (Moskau) für bereitwillig gewährte Aufenthalts- bzw. Arbeitserlaubnisse, Frau Dr. Pardon (Berlin) und Herrn Dr. Oldenhage (Potsdam) für archivalische Hilfeleistungen.

Scheidemanns Notizbüchlein, in dem die von 1925-33 abgehaltenen Versammlungen mit Datum verzeichnet stehen, hat sich im PPS erhalten[25] und macht eine kurze Beschreibung seiner Nachoberbürgermeisterzeit möglich.

Werkbiographisch liegt ein Gran Lebensironie darin, daß der Ausrufer vom 9. November 1918, als er verkündete, "Die Monarchie ist zusammengebrochen", sich nicht bewußt war, daß er selbst wahrscheinlich ein Nachkomme mehrerer mittelalterlicher deutscher Kaiser gewesen ist. Einsichten in diese überraschenden Zusammenhänge traten 1976 ans Tageslicht[26], und weisen in ironischer Verflechtung auf unsern Ausgangspunkt des Eingangssatzes dieser Biographie zurück. Mehr sollte man daraus nicht machen.

So wird hier einem auch im Hintersinne prominenten Abgeordneten, der dreißig Jahre

---

[23] Die Gestapo wußte, daß er gelegentlich unter dem Pseudonym "Paul Hofer" veröffentlicht hatte, so NP Telegramm v. 30. 11. 1939 in I 2/3/394. Ihre Kieler Dienststelle registrierte auch, daß er sich "von der illegalen Kleinarbeit gegen Deutschland zurück[hielt]," P St 3/43/ S. 53; siehe auch "Bestien", S. 3.
[24] Früher ab den siebziger Jahren als ZPA der SED geführt.
[25] Siehe dazu das Itinerar im Abschnitt 4.5. Zum Nachspiel seiner letzten durch Litfaßsäulenanschlag angesagten Rede in den Messehallen Stettin Anfang März 1933 vgl. ZPA RSHA IV St 3/850 S. 35.
[26] Zu seinen angeblichen Vorfahren siehe sein Abstammungsverzeichnis im Dokumentationsteil.

lang dem Deutschen Reichstag und der Nationalversammlung angehörte, der den Reichstag zweimal als Vizepräsident, und die deutsche Regierung einmal eigenverantwortlich leitete, mit Respekt (parlamentarisch gesprochen) das letzte Wort erteilt. Dieses letzte Wort komme aus seiner literarischen Pandoras Büchse. Das deutsche Publikum wird heute ohne Zorn und Eifer sein bekenntnishaftes Vermächtnis als Ergänzung letzter Hand seiner Memoiren zu würdigen wissen, und sich gleichzeitig über wichtige Lebensumstände, die Scheidemann umgaben, ein Bild machen können. Diese werkbiographische Aufarbeitung unserer politischen Vergangenheit begreift sich als eine Vorstudie und ein kleiner Baustein zu einer übergreifenden Geschichte der Weimarer Republik und des Dritten Reiches, die berufenerem Munde überlassen bleiben muß. Besonders nach der Wiedervereinigung, dem erneuten Aufflackern der Neonazibewegung und der anstehenden Neuorientierung in Osteuropa kommt die Diskussion über neue Darstellungsgrundlagen abermals in Gang. Es sollen mit der Veröffentlichung dieser Studie biographische Grundlagen gelegt werden. Es handelt sich um Zeitdokumente, die vor dem Verlust und dem Vergessen bewahrt werden sollten. Sein Leben stellte Scheidemann in den Dienst seiner Partei. Der Tendenz mancher Parteien, ihre eigenen Helden von gestern in die Rumpelkammer der Geschichte zu verbannen, muß in begründeten Fällen wie hier begegnet werden. Sein Vermächtnis übersteigt, wie wir sehen werden, das Parteiliche.

1.5 Vom Drucker zum Chefredakteur

Philipp Scheidemann wurde am 26. Juli 1865 als erstes Kind und einziger Sohn des Tapezierers Philipp H. Scheidemann und seiner Ehefrau Wilhelmine, geb. Seligmann-Pape, in Kassel, einer kurfürstlichen Residenzstadt von ca. 45.000 E. geboren und in der Gemeinde Altstadt nach der städtischen Mehrheitskonfession reformiert getauft. Die Michelsgasse, später Felixstraße, in der sein Elternhaus stand, schlängelte sich links der Fulda zwischen engen Fachwerkhäusern entlang. Beide Eltern stammten aus hessischen 'Handwerker'familien. Der Vater übte bis zu seinem frühen Tode einen Beruf aus, der künstlerischen Geschmack verlangte, so daß ihn sein handwerkliches Können sogar einmal bis zu einem Schloß in der Nähe von Prag führte, wo er Kunstmöbel herstellen sollte. Diese abenteuerliche Reise der Familie hatte, verbunden mit den negativen Nachwirkungen aus den Feldzugsteilnahmen 1866 und 1870/71, die robuste Gesundheit des Vaters untergraben. Der junge Scheidemann scheint nicht nur technische Geschicklichkeit von seinem Vater geerbt zu haben. Auch seine Mutter, bei der er zusammen mit einer Schwester in der Leipziger Str./Ecke Holzmarkt wohnte, hatte handwerkliche Fähigkeiten. Er vermerkt in seinen Memoiren: "Sie hatte auch literarische und künstlerische Interessen; sie las gute Bücher und besuchte ab und zu, bevor das graue Elend bei uns eingezogen war, auch das Theater." Sie hielt die Familie mit geschickten Schneiderarbeiten über Wasser. Den jungen Philipp zeichneten gute Begabungen aus, so daß er die Bürger- und Höhere Bürgerschule in der Hedwigsgasse mit Erfolg besuchen konnte. Ein Gymnasium in unmittelbarer Nachbarschaft besuchte niemand anders als der sechs Jahre ältere Kaiserenkel, Prinz Wilhelm von Preußen. Ein an sich unbedeutendes Jünglingserlebnis hält Scheidemann in seinen Memoiren fest. Es mag diese "Schulnachbarschaft" ironisch untermalen. 1878 war nach dem zweiten Attentat auf den Kaiser hoher Besuch in Kassel angesagt. Und wer schwenkte die Fahne der Begeisterung? "Da stand ja der alte Kaiser ... er grüßte zu uns herunter." Offensichtlich hatte er nach ihm gewinkt! Diese zufällige Begegnung vor Philipps Schulabgang, der durch den Tod seines Vaters bedingt war, hat doch eine tiefere Bedeutung. Hessen war "zwangspreußisch" geworden. Nach den zwei Attentaten auf den deutschen Kaiser drückte Bismarck das Sozialistengesetz gegen die Arbeiterklasse im Reichstag durch. Zu dieser Zeit erfaßte die halbverwaiste Familie Scheidemann große Not, der Frau Wilhelmine als Kleidermacherin und ihr vierzehnjähriger Sohn als Setzerlehrling bei der Fa. Gebr. Gotthelff zu entkommen suchten. Sein wöchentlicher Lohn im vierten und letzten Lehrjahr betrug 3,50 M pro Woche. Unter der Tätigkeit eines Buchdruckers und Setzers muß man sich eine Fertigkeit[27] besonderer Art vorstellen. Sie erforderte eine kunstvolle und rasche Auge/Hand-Koordination, auf die der junge Schriftsetzer mit Recht stolz gewesen ist. Scheidemann konnte selbst Chinesisch setzen. Er hat sich bei seiner Tätigkeit phonetische Grundkenntnisse

---

[27] Die jüngeren Leser werden davon keine Vorstellung haben: erhielt ein Setzer der damaligen Zeit sein Typenmaterial aus der Schriftgießerei, so mußte er es in einen Setzkasten einlegen. Dort lag es, je nach Häufigkeit des Vorkommens des Buchstabens, der rechten Griffhand auf dem "Accidenzregal" des Setzers näher oder weiter ab. In der linken Hand mußte der Winkelhaken gehalten werden. So mußte der Setzer mit dem rechten Daumen und Zeigefinger "absetzen".

angeignet, die ihm beim Aufschreiben von mundartlichen Geschichten zugute kamen. An seinem Werdegang kam man erkennen, wie sich ein begabter Schriftsetzer im Thomas Müntzerschen Sinne zu einem Schriftsteller wandeln konnte, der als Stilist einer griffigen Kampfprosa[28] während des Ersten Weltkriegs, während des Expressionismus und vor dem Beginn der Neuen Sachlichkeit, einen bedeutenden Rang eingenommen hat. Jedenfalls wurde er Ende 1883 mit dem Gautschbrief als Buchdruckergeselle freigesprochen und ging auf die Walz.

Der Setzer- und Korrektorlehrling verarbeitete in seiner Jugend zu Kassel Existenzgefährdungen, denen viele Landsleute ausgesetzt waren, auf die ihm eigene kräftige Weise. Diese müssen berücksichtigt werden, weil ihre Nachwirkungen in seiner Karriere von Belang sind. Als eine auf sich angewiesene Halbwaise, die ihre Arbeitskraft verkaufen mußte, erfuhr er am eigenen Leibe, daß der einzelne Arbeiter im täglichen Arbeitskampf trotz Hochleistungen arm blieb. So wie das Handwerk durch Maschinenproduktion verdrängt wurde, mußten die zunächst "gemeingefährlich" genannten Bestrebungen der "Socialdemokratie" an die Oberfläche gelangen, anstatt verborgen zu bleiben. Erst viele Jahrzehnte später wurde eine tarifpartnerschaftliche Anerkennung erreicht. Zunächst mußte dieses Antiarbeitergesetz nach 1890 aufgehoben werden, bevor eine allmähliche Verbesserung der Wahlgesetze auf parlamentarischem Wege möglich wurde.

Der junge Setzer trat, überzeugt von der notwendigen Solidarisierung, gegen Abschluß seiner Lehre 1883 in die SPD ein und wandelte sich in persönlicher Anpassung an eine unverschuldete Notlage, die viele traf, zu einem Jungsozialisten. Durch erfolgreiche "agitatorische" Tätigkeit, die sich für den Erwerb und Erhalt von uns heute selbstverständlich erscheinenden Grundrechten einsetzte, sollte endlich den armen Menschen das Kleine-Leute-Stigma genommen werden, um eine politische Minimalgemeinschaft mit den tonangebenden Schichten zu erzwingen. Damit hängt die Haltungswende vieler Deutscher zwischen 1878 und 1890 von landsmannschaftlich geprägter Dynastentreue zu alldeutschem Patriotismus zusammen. Für Scheidemann geht es dabei um seine Umprägung von einem Kasseler Jungarbeiter zu einem deutschen Sozialisten. Die hessischen Sozialdemokraten konnten trotz der preußischen

---

[28] Sind etwa Parteifunktionäre, die mit sprichwörtlicher Prägekraft humorvoll reden und schreiben können, damals oder heute häufig anzutreffen?

Eingliederung ihres Landes 1866 durch Bismarcks Regierung deren Einstellung als irrig entlarven, "daß deutscher Patriotismus der Vermittlung dynastischer Anhänglichkeit bedarf". Die antistädtische und antistadtbürgerlicheTendenz des Gesetzes gegen die angeblich gemeingefährlichen Bestrebungen der Sozialdemokratie von 1878 versuchte "von oben", etwa durch das Offizierskorps, der erfolgsgewohnten Industriemagnaten und des Hofes Arbeitern die Teilnahme am allgemeinen Fortschritt vorzuenthalten. Diesen bewußten Ausschluß durchschaute Scheidemann, ehe er mündig war, als Willkürakt und wandelte sich autodidaktisch von einem einfachen Arbeiter zu einem "wissenschaftlichen" Sozialdemokraten. Er focht als "republikanischer" Kämpfer mit Witz und Verschlagenheit für eine gemeinsame Sache der deutschen Arbeiterschaft. Ihr war vorgegaukelt worden, daß dem Sozialismus als ganzem die politische Schuld an den Anschlägen auf Kaiser Wilhelm I. anzulasten wäre. Mit der verschärften Gesetzesfassung von 1878 schlidderte der Deutsche Reichstag in seiner Mehrheit, die die deutschen Sozialdemokraten zu Verfassungsfeinden degradierte, auf rechtsstaatlich unerprobte Bahnen. 1890 wurde dieser Irrtum eingesehen und von einer Verlängerung des diskriminierenden Gesetzes abgesehen. In jene Zeit des politisch ausgerichteten Kulturkampfes fällt Scheidemanns Entwicklung zu einer kraftvollen und klarsehenden politischen Persönlichkeit. Auf der Bildungsreise durch Norddeutschland hatte es wegen vorübergehender Arbeitslosigkeit in Hamburg das Los bestimmt, daß er in Marne (Dithmarschen) vorsprechen sollte, was letztlich sein Glück bedeutete, denn dort lernte er seine spätere Frau Hanne Dibbern kennen. Die Ringgravur beweist, daß er ziemlich lange ausharren mußte. Erst 1886 konnte er sich mit der Marnerin verloben, weil erst dann seine unsicheren Anstellungen bei Blättern wie "Hessische Morgenzeitung", "Volksfreund" und "Casseler Zeitung", die durch heimliche Austragung verbotener Flugblätter der Partei gefährdet wurden und daher ungesichert waren, ihr Ende fanden. 1889 heiratete er Johanna Friderike Louise Dibbern (1864-1926), nachdem ihn Dr. Sömmering ab 1888 als Chefdrucker bei der Akademischen Buchdruckerei in Marburg angestellt hatte. Von da an bis 1894 verlebte er mit der jungen Frau an seiner Seite "die glücklichsten Jahre seines Lebens". "Dreizehn volle Semester" habe er in der Universitätsstadt gearbeitet. Der Herausgeber ließ ihm freie Hand, erhöhte seinen Wochenlohn allmählich auf 30 Mark, auch als Scheidemann nebenher den politischen Club "Gemütlichkeit" gegründet hatte, hinter dem sich der Marburger Ortsverein der

SPD verbarg. Für diesen Lohn mußte er auch noch das Lokal stellen, heizen und sauber machen. Er setzte bei Tage die kompliziertesten Texte, manchmal Dissertationen, schrieb Flugblätter und Artikel für sozialdemokratische Blätter und verarbeitete gelegentlich besuchte Vorlesungen über Volkswirtschaft und Geschichte. In seiner Familie wird überliefert, daß er nie ein Kartenspiel in der Hand gehabt habe, sondern jede freie Minute las. Er bildete sich durch seinen akademischen Umgang und seine natürlichen Gaben zu einem gesuchten Redner aus. Man muß ihn sich als 1,80 m großen, stattlichen Mann von athletischer Figur vorstellen.

In Marburg wurden dem Ehepaar Scheidemann drei Töchter geboren. Die erste sollte sich, von den Nazis verfolgt und mißhandelt, 1933 mit ihrem Mann das Leben nehmen; die mittlere sollte ihn ins Exil begleiten. Die dritte Tochter setzte die Familie Scheidemann fort.

Aus der Perspektive der Jahre 1895/96 betrachtet hatte der politische Redner schon als Dreißigjähriger seine volle rhetorische Schlagkraft entwickelt:

"Er ist ein begabter Redner, der für seine Partei noch Bedeutendes verspricht. Diese Ansicht habe ich sogar von ganz eingefleischten Sozialistenfressern gehört, die bedauernd bemerkten, daß gerade hier es den Sozialdemokraten gelungen sei, eine so redegewandte und menschlich sympathische Erscheinung als Kandidaten gewonnen zu haben. ... Mit seiner Redegabe vereint sich ein klares Organ und eine - wie soll ich sagen - vornehme Sprechweise. Dabei hat er sich bemüht, so viel wie möglich zu lernen; es ist wirklich erstaunlich, wie viele Kenntnisse sich der ehemalige Buchdruckergeselle ... in seinen Feierabendstunden angeeignet hat."[29]

Zwar hatte er sich in Hessen eine siegreiche Redeschlacht mit nationalliberalen Professoren und Doktoren geliefert, doch das Wahlrecht für den Deutschen Reichstag ließ dort die Eroberung eines Parlamentssitzes für die SPD noch nicht zu. Die Ehre bestand 1897/98 darin, für ein Reichstagsmandat überhaupt aufgestellt worden zu sein. Während der für Scheidemann entscheidenden Jahre 1895-96 war ihm der Aufstieg vom Bezirksvorsteher des Verbandes deutscher Buchdrucker zum Hersteller des SPD-Wochenblattes "Mitteldeutsche Sonntagszeitung" als Nachfolger Dr. Eduard Davids in Gießen geglückt. In Hessen herrschte 1895 Versammlungs-, aber noch keine unzensierte Druckfreiheit. Infolgedessen konnte sich ein aufstrebender Jungpolitiker innerhalb der SPD durch freie Rede in der Öffentlichkeit heranbilden und hocharbeiten.

---

[29] Hessische Landeszeitung, 5. Nov. 1896.

1.6 Scheidemanns Persönlichkeit

Während die Amerikaner gerne von "integrity" sprechen, sagen wir lieber, jemand sei sich treu geblieben. Dies trifft in hohem Maße auf Philipp Scheidemann zu. Er konnte es verkraften, daß er auf mehreren Berufsetappen in "Reih' und Glied" zurücktreten mußte. Die Bindung zu seiner Gewerkschaft blieb stets fest. Seine engeren Berufskollegen, die "Typographen" betrachteten ihn stets, auch noch im Exil, als einen der ihren. Seine Familie hat treu zu ihm gehalten. Noch in der dritten Generation hütet sie sorgfältig seinen Restnachlaß. Die eigene Partei hat es nicht genügend zu schätzen gewußt, wie sehr parteidiszipliniert er sich ihr gegenüber, sie jedoch sich nicht immer ihm gegenüber verhalten hat. Von der SPD-Spitze kann man sagen, daß, während Ebert sein Amt nach außen mit Takt und Würde verkörperte und ausübte, aber dennoch seinen Feinden unterlag, Scheidemann mit so großer Selbstsicherheit auftrat, daß man ihn für taktlos hätte halten können. Ein Handschriftenvergleich kann vielleicht diesen Unterschied im Charakter auf einer anderen Ebene illustrieren: Ebert schrieb spitzes und linkslastiges Sütterlin, Scheidemann flüssige lateinische Balken von Buchstaben. Ebert las und schrieb nicht eben viel, ertrug aber papierene Amtsroutine geduldig. Scheidemann schrieb und las viel und hatte einen Abscheu vor dem Papierkrieg. Als Sprecher gaben sie beide auf ihre Art einander nichts nach. Ebert sprach einnehmend bedächtig und taktisch vorausdenkend, Scheidemann redete bildhaft einprägsam und pointenbedacht. Ihnen war im Reichstag aus ihrer eigenen Partei von 1913-18 niemand, aus den bürgerlichen Parteien nur wenige, wie etwa Erzberger, rhetorisch, wenn auch nicht stimmlich gewachsen. Scheidemanns Landsleute haben sich nach 1925 weniger, nach 1933 kaum um ihn gekümmert. Eberts Nachruhm wird in der Friedrich-Ebert-Stiftung sorgfältig gepflegt. Deshalb sollte die Wiederherstellung von Scheidemanns Ansehen wie ein Stück ausgleichender Gerechtigkeit zu unseren biographischen Aufgaben gehören dürfen.

Bereits Hagen Schulze bemerkte als Herausgeber der Scheidemannschen Reichskanzlerakten in seiner Einleitung die herausragenden Charaktereigenschaften: Pragmatik, Witz, Klugheit, ja Schalkhaftigkeit. Er war als Wandelgänger des Reichstags zu Anekdoten und Späßen, ja Streichen aufgelegt. Welcher deutsche Politiker freute sich so sehr über Karikaturen, daß er sie, sechs an der Zahl, mit seinen Erinnerungen zugleich abdruckte? Welcher Autodidakt seiner Zeit (in hoher Stellung) hat eine solch konsistente innere Entwicklung durchmessen, nicht zum wenigsten als undogmatischer politischer Schriftsteller? Man braucht im Vergleich nur an Erzberger oder Stresemann zu denken, um starke Unterschiede festzustellen.

Scheidemann gab das zweithöchste Reichsamt wie ein britischer Parlamentarier wegen einer prinzipiellen Frage zurück. Das war zu seiner Zeit in deutschen politischen Kreisen, die eine Politikerkarriere sonst eher durch Sturz beendeten, ein ungewöhnliches Zeichen von Charakterstärke. Der Rücktritt wurde übrigens keineswegs nur, wie es öfter heißt, von einem außenpolitischen Stolperstein ausgelöst, sondern erwies die innenpolitischen Auswirkungen eines Ausschlusses aus der sich bildenden Völkergemeinschaft. Damit schien dem guten Aufbauwillen der neuen deutschen Regierung die Geschäftsgrundlage entzogen. Der Einzelkämpfer Scheidemann steckte auf.

Es war für das Deutsche Reich der damaligen Zeit tragisch, daß zwei ihrer fähigsten Parteiführer ihre vereinigten strategischen (Scheidemann) und taktischen[30] (Ebert) Fähigkeiten in den entscheidenden Nachkriegsjahren nicht länger gemeinsam auf der Reichsebene einsetzten. Des Reiches Verlust mag durch Kassels Gewinn teilweise ausgeglichen worden sein, aber in der kritischen reichspolitischen Lage wäre es, besonders wegen Eberts frühem Tod, für das Gedeihen der Republik besser gewesen, Scheidemann hätte die Partei 1925/26 noch einmal leiten können. Dazu war er nicht machtversessen, populär und gesundheitlich robust genug.

Scheidemann hatte gehofft, daß das Wahlrecht für Frauen dazu beitragen würde, die Überwindung der Kriegsfolgen und deren Lasten zu beschleunigen. Nach außen versuchte er, eine Neuinterpretation der politischen Voraussetzungen einzuführen, indem er bis zuletzt an die Möglichkeiten des Dialogs und damit des Verhandlungsspielraums glaubte. Das mag man im nachhinein als naiv kritisieren. Für Vorwürfe wie "leichtsinnig" (Ribhegge), oder für "nicht analytisch genug" (Lademacher), wie die Kollegen ihn in ihren Teilwürdigungen charakterisierten, hat der Verfasser bei seinen Forschungen keine Anhaltspunkte gefunden.

Alles in allem war er ein zur Versöhnung bereiter Mann, ein bedeutender

---

[30] Zu den negativen Aspekten dieser Fähigkeiten siehe "Bestien", S. 42; Ms. des dritten Bandes S. 118.

Parlamentarier, aber in letzter Konsequenz kein eiserner Parteiführer. Er wuchs als preußischer Bürger über das sog. Kasselänertum hinaus, obwohl er fest mit ihm verwurzelt blieb. Er diente als Stadtverordneter, Oberbürgermeister und Reichstagsabgeordneter ganz selbstlos seiner Vaterstadt, die er mit Tatkraft, Umsicht und Geschick verwaltete. Er konnte mitreißend reden und politisch gezielt schweigen. Er schrieb zündend klar, zunächst derbkomisch und volkstümlich, später journalistisch farbig, zeitweilig fast expressionistisch, immer das überzeugende Argument suchend und die glückliche Formulierung dabei findend. Ein so gesonnener Kanzler mit schlagfertigem Humor ist in der deutschen Parlamentsgeschichte vor 1949 die Ausnahme. In der politischen Biographie der deutschen Kanzler[31] von 1862 - 1992 sucht man lange seinesgleichen.

---

[31] Vergleiche Wilhelm von Sternburgs "Die deutschen Kanzler" und die entsprechenden Kanzler-Kapitel.

ZWEITER TEIL: Politische Karriere

2.1 Im Deutschen Reichstag

Die "Mitteldeutsche Sonntagszeitung" war ein Wochenblatt der hessischen Sozialdemokratie; es wurde zwar in Frankfurt am Main gedruckt, aber in Gießen von Scheidemann herausgegeben. Diese Art der Herstellung machte ihn zum Redakteur, Expedient, Arbeiter- und Parteisekretär, Inseratensammler und Einkassierer zugleich. Er lernte auf diese Weise eine Vielzahl von Leuten kennen.
Es hat sich ein wichtiges Exemplar vom 4. Sept. 1898 erhalten. Daraus ergibt sich eine früh ausgeprägte Gegnerschaft zu den Antisemiten, die 1896, unterstützt vom "Neuen Germanischen Volksbund", als stärkste Fraktion aus dem Wahlkreis Gießen hervorgingen. Aber am überraschendsten ist die von ihm 1898 geprägte Leitüberschrift "KRIEG DEM KRIEG"! Die Redaktion geißelt in ihrem Leitartikel "die Kulturwidrigkeit des Militarismus" in allen Ländern, und zeigt, daß die finanziellen Lasten für die Rüstung "die Volkswohlfahrt an ihrer Wurzel treffen". Hier wird ein späteres Leitthema seiner Politik, das im Vermittlungsausschuß des Deutschen Reichstags 1917/18 eine große Rolle spielen wird, zwanzig Jahre bevor es in Deutschland zu einer Schicksalsfrage aufstieg, als Thema sehr früh angeschnitten und in Analogie entwickelt. Er hätte schon damals gerne eine "Friedenskonferenz über die Abschaffung des Militarismus" abgehalten, während der großdeutsch eingestellte Herr v. Treitschke von "lockender Losung vaterlandsloser Demagogen" gehöhnt hatte.
Wie populär Treitschkes Auffassung damals in Hessen war, ersieht man daraus, daß Scheidemann mit seinen gegen Antisemiten[32] und Militaristen gerichteten Argumenten

---

[32] Scheidemann hat Zeit seines Lebens an seinen contra-antisemitischen Überzeugungen festgehalten. Er setzte sich z.B. für die volle Gleichberechtigung der Juden in Rumänien ein, Nachlaß Paul Nathan, 90 Na5 /15, Bf. vom 23. 4. 18; am 17. 11. 1938 fand eine Besprechung in Gegenwart des dänischen

bei allen Wahlen auf Stadtverordneten-, Landes- und Reichstagsebene immer wieder durchfiel. Trotz dieser Niederlagen begann er allmählich, politisch sattelfest zu werden und sich in der Öffentlichkeit freier zu bewegen. Selbst Gegner billigten ihm seine Rednergabe anerkennend zu. Trotzdem mußten Sozialdemokraten auch auf dem Lande mit sehr großer Gehässigkeit rechnen. Sie konnte auch innerhalb der eigenen Partei spürbar werden. So gab er in Nürnberg, der Stadt Beckmessers, eine zweijährige Gastrolle als Leitender Redakteur der Parteizeitung "Fränkische Tagespost". Die Nürnberger Parteispitze spann Intrigen gegen ihn, denen Scheidemann sich nur durch seine Kündigung entziehen konnte. Mit der Übernahme der Offenbacher Parteizeitung kam er seinem Wahlkreis näher. Trotz dreijähriger Redaktions- und Parteiarbeit des Sozialdemokraten gelang es den vereinigten bürgerlichen Parteien, das Mandat in Offenbach, der Stadt der Lederwaren, zu erobern. Scheidemann ließ sich durch den Parteivorstand zum Chefredakteur des "Casseler Volksblattes" in eine ansehnliche Position innerhalb seiner Vaterstadt versetzen. In diesem Blatt sollte alsbald seine literarische Karriere ihren Anfang nehmen. Wir müssen nun noch einen Blick auf das politisch wichtige Jahr 1903 werfen, in dem die Sozialdemokraten bei den Reichstagswahlen einen sehr großen Stimmenzuwachs erhielten. Scheidemann war in Solingen, der Stadt der Messerschleifer, abermals aufgestellt worden, nachdem seine Kandidatur wegen interner Intrigen 1898 dort nicht zum Wahlerfolg geführt hatte. Im Juni 1903 wurde er im Wahlkreis Solingen schon beim ersten Wahlgang gewählt. Mit ihm zogen weitere 80 Abgeordnete seiner Partei in den Reichstag ein, darunter Dr. Eduard David für den Bereich Mainz. Scheidemanns Wahlerfolg wiegt schwerer, wenn man die Wichtigkeit bedenkt, die die Rüstungsfrage für eine Stadtregion wie Solingen haben mußte. Er wurde in dem Wahlkreis der Präzisionsfabriken 1907 und 1912 ohne Schwierigkeiten wiedergewählt. Solche sollten erst während des Ersten Weltkriegs entstehen.

Als Neuling mit schmalem Tages- und Übernachtungsgeld konnte das Reichstagsmitglied in Berlin die gesamte politische "Redaktion der von [ihm] geleiteten Blätter besorg[en]." In der 27. Sitzung am 8. Febr. 1904 hatte der Abgeordnete Scheidemann im Reichstag zum ersten Male das Wort. Er hielt zunächst eine

---

Justizministers Steincke statt, in der sich Sch. für die Aufnahme verfolgter Juden durch Dänemark einsetzte, P Str 3/43/ S. 55V.

unvorbereitete Rede über die Vorzüge eines Reichswassergesetzes, zu der ihn August Bebel ganz überraschend ermuntert hatte. Damals sprach man von Flußverseuchung und "Luftverstänkerung". Die improvisierte Rede hat wegen eines Witzes alsbald ihren Jungfernredner notorisch gemacht: "Die Wupper ist unterhalb Solingens tatsächlich so schwarz vor Schmutz, daß, wenn Sie einen Nationalliberalen darin untertauchen, Sie ihn als Zentrumsmann wieder herausziehen können. (Stürmische Heiterkeit)" Für diesen Tag war eigentlich eine ausgearbeitete Rede Scheidemanns über die Trichinenkontrolle am Fleisch vorgesehen; er hielt sie anschließend. In freier sowie in vorbereiteter Rede hatte er sich ironischerweise auf den Gebieten der Verseuchung von Flüssen und der Einfuhrsperre gegen ausländisches Fleisch profilieren können. Während der Sitzungswochen des Reichstags verbrachte er meist nicht mehr als zwei oder drei Tage mit winzigen Diäten in Berlin. Ansonsten wohnte er bei seiner Familie in Kassel. Dort vertrat er von 1906-11 mit politischem Spürsinn nebenher die Interessen der Kasseler Arbeiter als Stadtverordneter. Kassel besaß damals den stärksten Ortsverein des "Reichsverbands zur Bekämpfung der Sozialdemokratie" im ganzen Deutschen Reich. So war es bei den häufigen Angriffen schwer, die in seinem "Volksblatt" propagierte Haltung in die politische Tat umzusetzen. Eine Ehre widerfuhr unserem Abgeordneten, als er statt August Bebels 1908 zum Haushaltsredner der Fraktion bestimmt wurde. Charakteristischerweise nimmt er sein Leitthema von 1898 gegen den provozierenden Militarismus auch mit dieser Etatrede wieder auf und münzt Clausewitz' Wort vom Krieg als Fortsetzung der Politik mit anderen Mitteln dahingehend um, "daß die Heerführer nicht besser sind als die Diplomaten, die zur selben Zeit am Werke sind." Auch seine Warnung, daß Deutschland in Folge von dessen törichter auswärtiger Politik bereits eingekreist sei, verhallte ungehört. Die SPD-Fraktion nahm zu dieser Zeit sogar telegraphischen Kontakt mit der Labour Party des Unterhauses auf, was ein positives Echo hervorrief. Vielleicht ragt eine Bemerkung Scheidemanns während dieser, einen Einschnitt markierenden Etatrede hervor. Deutschland solle durch das (noch fehlende) Selbstbestimmungsrecht, d.h. allgemeines, gleiches Wahlrecht, stark gemacht werden und nicht vermöge eines Wettrüstungsprogramms. Er deutet weiterhin bei dieser Gelegenheit an, daß ein Krieg als Begleiterscheinung einer Wettrüstung, bräche er unversehens aus, von Deutschland verloren werden würde: so gesehen und vorformuliert im Dezember 1908, knapp drei Jahre vor dem "Panthersprung" eines deutschen Kanonenbootes nach

Agadir.

1911 mußte Scheidemann abermals die Etatrede seiner Fraktion halten. Er fuhr dabei stärkstes Geschütz auf. Die preußischdeutsche Politik gleiche in vielen Versprechungen "feinstem Porzellan", in den Taten hingegen "einer Scherbenkiste". Die Wettrüstungspolitik werde erst wieder zur Friedfertigkeit neigen, wenn der Reichstag "von der Junkerherrschaft gesäubert" sei; dafür müsse ein Stichwahlabkommen mit der Fortschrittlichen Volkspartei gegen die nationalen Parteien geschlossen werden. Trotz bedeutender Stimmenzunahme konnte nämlich keine linke Mehrheit gebildet werden, um zu verhindern, daß die deutschen Werften eine Kriegsflotte zu bauen begannen, "die den vereinigten Flotten von England und Frankreich gewachsen wäre[n]". Die Friedensbeteuerungen des regierenden Hauses vermochten die Partei und den sie hier repräsentierenden Debattierer nicht zu täuschen. Scheidemann hat von seiner Immunität reichlich Gebrauch gemacht, so z.B. als er in Gegenwart des Reichskanzlers Bethmann Hollweg wörtlich sagte, daß der "Wortbruch" seines höchsten Herrn "sozusagen zu den erhabensten Traditionen des in Preußen regierenden Hauses gehört"[33]. Die Rache der Rechten für diese Beleidigung bekam der glänzende Redner bei seiner Absetzung als gewählter Erster Vizepräsident des Hohen Hauses im März 1912 zu spüren. Es läßt sich anhand seiner Broschüre "Die Sozialdemokratie und das stehende Heer" von 1911 zeigen, daß die SPD-Reichstagsfraktion nicht gegen die Wehrerziehung junger Männer, sondern nur gegen völkerentzweienden Militarismus und gegen die Politik "des gesträubten Schnurrbarts" zu Felde zog. In dieser ersten mehrfach aufgelegten politischen Broschüre vertrat der junge Autor den Gedanken der Erziehung zur allgemeinen Wehrhaftigkeit, also die Unterhaltung einer "Volkswehr an Stelle der stehenden Heere". In diesem Punkte herrschte in der SPD vor dem Ersten Weltkrieg durchaus Einigkeit. Die praktische Erfahrung bei der Artikulation von Mehrheitsmeinungen und das Wohlwollen des Parteivorsitzenden August Bebel hatte Scheidemann 1911 die Wahl zum Sekretär, 1913 zum Mitglied des Parteivorstands eingebracht. Diese Auszeichnungen machten seine Übersiedlung nach Berlin nötig. Es war bereits sein siebter Umzug zusammen mit der Familie. Dazu bemerkte Frau Scheidemann trocken, ob es nicht einfacher wäre, "einen Zigeunerwagen zu beschaffen",

---

[33] Die Herausforderung übersprang nach J. C. G. Röhl, Kaiser, Hof und Staat- Wilhelm II. u. die dt. Politik. München 1987, S. 95ff, 57 Hofrangfolgen von Platz 58/62 für MdRs auf Platz 1!

damit der Familie das ständige Packen erspart bleibe.

Am 12. Febr. 1912 wurde der Abgeordnete Scheidemann, einer der hervorragenden Redner seiner Partei und des Reichstags, vorläufig zum Ersten Vizepräsidenten des Reichstags gewählt. Ein Schock für die Konservativen! Die bürgerliche Presse hoffte auf allfällige Entgleisungen und war erstaunt, daß der "rote Vize-Präsident mit sehr ruhiger Stimme die Geschäfte leiten konnte, als ob er seit Jahren immer nur präsidiert hätte". Die "Frankfurter Zeitung" rang sich sogar das Kompliment ab, er habe das Aussehen eines "Schriftstellers oder Künstlers". Das nützte ihm nichts, denn der angeblich beleidigte Deutsche Reichstag beugte sich nur einen Monat unter das "rote Joch", von dem er sich durch einen parlamentarischen Trick wieder befreite. Scheidemann, bereits notorisch durch die "knallrote Majestätsbeleidigung" vom Vorjahr, hatte sich provokatorisch geweigert, mit den anderen Präsidenten darum zu bitten, von Seiner Majestät empfangen zu werden, wie es damals üblich war. Der Kaiser empfing nämlich nur alle Herren zusammen oder gar keinen. So erschien "der ruppige Genosse" in diesem Amte untragbar. Er wurde am 8. März wieder abgewählt. Es sollte fünf Jahre dauern, bis er zum zweiten Mal zum Vizepräsidenten gewählt wurde. War er 1913 unangefochten zum Mitvorsitzenden der SPD-Fraktion im Reichstag aufgestiegen, so entwickelte er sich rasch zur tonangebenden parlamentarischen Figur seiner Fraktion. Auf einer Abbildung jener Fraktion von 1914 sitzt Scheidemann in der Mitte der ersten Reihe, und steht Ebert, seit zwei Jahren ebenfalls Reichstagsmitglied, als noch nicht derartig notorischer Redner scheinbar nur Hinterbänkler, in der letzten Reihe rechts. Dieses Bild täuscht insofern, als Ebert auf dem Jenaer Parteitag von 1913 zum Mitvorsitzenden der SPD gewählt worden war. In der politischen Wirklichkeit waren die beiden Männer bei Ausbruch des Krieges fast gleichgestellt.

2.2 Internationale Friedensbemühungen

Die deutsche Arbeiterpartei hatte seit vielen Jahren in ihrem Programm gefordert, daß über die allgemeine Wehrhaftigkeit und ihre technische Verwirklichung, d.h. "über Krieg und Frieden" durch die Volksvertretung entschieden werden müsse. Eine internationale Solidarität gegen den Europa drohenden selbstmörderischen Krieg begann sich besonders zwischen der deutschen Sozialdemokratie und der sozialistischen Partei Frankreichs heranzubilden. Deren Spitzenvertreter war Jean Jaurès (geb. 1859, ermordet 1914), seit langer Zeit ein Gegner Poincarés und zudem Sprecher der Verständigungsbereitschaft in der französischen Kammer. Er hatte sich bei einer Friedenskundgebung der Sozialdemokratie 1907 in Stuttgart bekannt gemacht und verlangte in Übereinstimmung mit seinen deutschen Gesprächspartnern, daß "im Wege internationaler Vereinbarung dem Wettrüsten ein Ende gemacht wird". Seine Abhandlung "L'accord franco-allemand" von 1911 bildete die Grundlage einer gemeinsamen deutsch-französischen Friedensresolution, die gleichlautend auf deutsch und französisch in Millionen von Exemplaren verbreitet wurde:

"...Um den Frieden, die Unabhängigkeit der Völker und den Fortschritt der Demokratie auf allen Gebieten in beiden Staaten zu sichern, fordert die Sozialdemokratie, daß alle Streitigkeiten zwischen den Völkern schiedsgerichtlich geschlichtet werden; sie empfindet die Entscheidungen auf dem Wege der Gewalt als Barbarei und Schande für die Menschheit."

Scheidemann korrespondierte[34] über diese Problematik mit Jaurès auf deutsch, denn dieser hatte 1891 über das kühne Thema "De primis socialismi germanici lineamentis", d.h. über die Ursprünge des deutschen Sozialismus bei Luther, Fichte u.a., in Paris promoviert. Beiden blieb nicht verborgen, daß sie in ihren eigenen Ländern als "Vaterlandsverräter" angesehen wurden, denn Heimatliebe mochten Konservative diesen Arbeiterführern und ihren Wählern mit den entsprechenden Rechtsfolgen noch nicht einräumen. Die beiden Politiker begründeten die uns heute selbstverständliche Einsicht, daß Krieg zwischen Deutschland und Frankreich "ein Verbrechen und ein Wahnsinn" sei. Beide wußten vielmehr sehr früh, daß dem "Völkerbunde" zwischen ihren Ländern, so Scheidemann schon in seiner Reichstagsrede vom 9. Dez. 1910, "die Zukunft" gehöre. Der Parteiführer der SPD stellte solche Warnrufe der kaiserlich-deutschen Kriegsrüstungspolitik an herausragender Stelle mit aller Deutlichkeit entgegen: "Mit dieser Verantwortung" für den Ausbruch eines europäischen Krieges "belasten wir die Mehrheit dieses Hauses, wenn sie sich den Friedensbestrebungen des internationalen Sozialismus entgegenstellt." In diesem Sinne hatte sich der gefragte Propagandaredner in

---

[34] Die wenigen semiprivaten Briefe, die bisher ans Tageslicht getreten sind - nicht mehr als 25 -, zeigen, daß Scheidemann auch ein Meister des knappen Briefstils war. Er wird vor allem bis 1932 mehrere tausend Briefe während seines langen Lebens verfaßt haben. Fast alle müssen zusammen mit seinen Archivunterlagen als verloren gelten.

gut besuchten Veranstaltungen, die in Deutschland, der Schweiz, Dänemark, Schweden und Frankreich abgehalten wurden, bis 1914 immer wieder geäußert. Er sprach dabei stets auf Deutsch, denn unsere "Zunge", wie man damals noch sagte, genoß bis zum Ausbruch des Ersten Weltkriegs als Sprache der Kultur und Wissenschaft international hohes Ansehen. Als Fremdsprache war Deutsch bis 1914 bei gebildeten Russen und Amerikanern besonders verbreitet.

In den USA waren noch Millionen Bürger des Deutschen mächtig, und viele deutschsprachige Zeitungen wurden dort bis 1914 verlegt, auch der "Herold" in New York, damals die älteste konsekutiv erscheinende deutschsprachige Zeitung überhaupt. Eine deutschsprachige Gewerkschafts-Dachorganisation bildete die "German Language Federation". Sie war gespannt auf einen Redner, der seinen Behauptungswillen auch vor dem deutschen Kaiser demonstriert hatte, und lud Scheidemann zu einer Vortragsreise ein.

Mit dem Schiff fuhr der noch vom Jenaer Parteitag erschöpfte Parlamentarier und Fraktionsvorsitzende am 23. Sept. 1913 von Bremerhaven nach New York, in die damals offenste Gesellschaft der Welt. Bei Ankunft wurde der verdutzte Deutsche zum ersten Male von fünf Reportern zugleich auf die umkreisende amerikanische Manier "bis aufs Hemd ausgefragt". Noch unter dem unmittelbaren Eindruck seiner Erlebnisse hat er seine Beobachtungen sowohl in der "New Yorker Volkszeitung", als auch im "Vorwärts" festgehalten. Später hat sein Verleger diese politischen Bildungseindrücke unter dem Titel "Zwischen den Gefechten" in Buchform herausgebracht. Der Funktionär sah die Neue Welt nicht durch die nivellierende Brille des Parteimannes, sondern verarbeitete das Gesehene als eine Art Gastarbeiter, der in weniger als sieben Wochen ein anstrengendes Redepensum zu bewältigen hatte. Er hielt damals 27 Ansprachen in 15 Staaten und in Washington, D.C., und schrieb im Oktober/November fünf Berichte für die New Yorker Zeitung. Es wäre der deutschen Politik vier Jahre später beim Kriegseintritt der USA zu Gute gekommen, wenn noch andere Spitzenfunktionäre als scharfäugige Beobachter die Strapazen einer Amerikareise auf sich genommen hätten. Scheidemann beobachtete nach seinen eigenen veröffentlichten Reiseskizzen vor allem Menschen, Stadtanlagen und Bauweisen, Sitten und Gebräuche, Gewohnheiten bei Mahlzeiten, Arbeitsmethoden und das Versammlungswesen. Er verarbeitete die gesehenen kulturellen Eigenarten rasch und gründlich. Man darf unterstellen, daß sein souveränes Auftreten im Rampenlicht der Öffentlichkeit dortzulande den letzten Schliff bekam. In seinen Beschreibungen findet sich ein typischer Satz wie: "In Amerika [gebe] es Kirchen wie Sand am Meere"; er habe an ihren Türen ab und zu lesen können: "Zu vermieten" oder "Zu verkaufen". Schrieb er noch 1913, ihm seien außer in der Schweiz und den USA unter den Gewerkschaftlern "niemals größere Quasselköpfe vorgekommen", so revidiert er sein abfälliges Urteil aus der Rückschau von 1919 "nach den Erlebnissen von Deutschland". Heutzutage wäre es unmöglich, "alle deutschsprechenden Männer und Frauen" für eine derartige Gewerkschaft in den USA zu gewinnen, ja, man würde sich bei einem Versuch, auch nur wenige gewinnen zu wollen, lächerlich machen. Scheidemann ließ es sich als Spezialist des Reichstags in Fragen Trichinenkontrolle nicht nehmen, in den Chicagoer Stockyards die Tierschlächterei Armour & Swift zu besichtigen, in der täglich 20.000 Arbeiter ganze Tierherden schnell, effizient und expertenmäßig zu Wurstwaren verarbeiteten.

Als begeisterter Hobbybergsteiger, der den Marmolata bestiegen hatte und noch bis 1925 weiter bergtauglich blieb, genoß er den Ausblick über die Rocky Mountains. In Springfield, Illinois, stattete Scheidemann, der im Todesjahr Abraham Lincolns geboren war, dem Grabmal des amerikanischen Präsidenten einen Besuch ab. In seinem Nachlaß fand sich eine handschriftliche Huldigung auf diesen Staatsmann, die er am "14. 4. 1937" an Unbekannt, wahrscheinlich seinen Freund Ludwig Lore nach New York "weggeschickt" hat:

Abraham Lincoln wird stets ein leuchtendes Vorbild für Jeden sein, dem gleiches Recht eine Selbstverständlichkeit, die Freiheit das höchste Gut ist.
Abraham Lincolns Name wird über alle Länder der Welt strahlen, so lange Menschen leben, die Arbeit und Energie, Klugheit und Tapferkeit achten und ehren.
Wo immer die Großen und Kühnen der Menschheit genannt werden, da wird man das Gedächtnis Abraham Lincolns feiern.

Für sein Leben bereichert, kehrte er nach Europa zurück. Im Frühsommer 1914 war Scheidemann als neuer Fraktionsvorsitzender Mitorganisator der zweiten Baseler Verständigungskonferenz. Wer glaubte, das Band zwischen allen Friedensfreunden diesseits und jenseits der Vogesen sei fester geknüpft als je zuvor, unterlag einem Irrtum.

2.3 Im Interfraktionellen Ausschuß

Die SPD-Fraktion des Reichstages gelangte zu der schmerzlichen Einsicht, daß die internationale Solidarität zwischen den Arbeitern Frankreichs und Deutschlands eine große Illusion geblieben war. So konnte die in Kriegsopposition stehende Fraktion das drohende Unheil von ihrem Vaterland und Europa nicht abwenden, denn dazu fehlten ihr die Machtmittel. Ihr Parteimitvorsitzender Ebert rechnete sogar damit, noch ehe der Kaiser "keine Parteien mehr [kannte]", bei Kriegsausbruch als "vaterlandsloser Geselle" verhaftet zu werden, und wich vorübergehend nach Zürich ins neutrale Ausland aus. Er kehrte erst am 10. Aug. nach Berlin zurück. Man würde m.E. fehlgehen, erhöbe man nach dem verlorenen Ersten Weltkrieg die nachträgliche Anklage, die SPD-Fraktion hätte der Kriegskreditbewilligung im Reichstag nicht zustimmen dürfen. Der Entschluß dazu beruhte auf einer hart umstrittenen Mehrheitsentscheidung, bei der von Anbeginn nur darüber Einigkeit herrschte, daß eine Stimmenthaltung in der Stunde der Gefahr für das Vaterland nicht in Frage kam. Es stand nach dem Bericht des Abgeordneten Hermann Müller, der am 2. Aug. aus Paris zurückkam, fest, daß die französischen Sozialisten, ihres Kopfes Jean Jaurès durch Mord beraubt, in der französischen Kammer für die Kreditbewilligung stimmen würden. Der Abgeordnete und SPD-Mitvorsitzende Hugo Haase hatte trotz vorheriger interner Ablehnung durch etwa 15 % der Parteigenossen das Einverständnis zur Kreditbewilligung namens der SPD-Reichstags-Fraktion am 4. Aug. zu vertreten. Der entscheidende Abschnitt der zustimmenden Resolution lautet:

"Wir lassen in der Stunde der Gefahr das eigene Vaterland nicht im Stich. Wir fühlen uns dabei im Einklang mit der Internationale, die das Recht jedes Volkes auf ... Selbstverteidigung ... anerkannt hat, wie wir auch in Übereinstimmung mit ihr jeden Eroberungskrieg verurteilen. Wir fordern, daß dem Kriege, sobald das Ziel der Sicherung erreicht ist und die Gegner zum Frieden geneigt sind, ein Ende gemacht wird durch einen Frieden, der die Freundschaft mit den Nachbarvölkern ermöglicht."

Es wäre hinsichtlich der Verantwortung taktisch besser gewesen, an diese letztendlich einstimmig erfolgte patriotische Erklärung konkrete politische Bedingungen zu knüpfen, so wie sie gegen Kriegsende mit mehr Aussicht auf Verwirklichung gestellt wurden. Stattdessen beschränkte man sich naiv auf die Erweiterung des zu erwartenden Hochrufs auf Seine Majestät: "Auf Kaiser, Volk und Vaterland!" Die Kriegsunterstützung bezahlte ein Reichstagsabgeordneter, der jüdisch-deutsche Dr. Ludwig Frank, SPD, mit dem Soldatentod. Auch kulturtümelnde New Yorker Juden teilten den Abscheu vor dem russischen Despotismus, in dem der deutsche Generalstab den Angreifer auf Deutschland zu erkennen glaubte. Der bekannte, jiddisch schreibende Dichter Morris Rosenfeld (1862-1923) schrieb noch 1915 in der Zeitung "New York Jewish Forward": "Hurra far Daitschland! Hoch der Kejser!" Sogar Ludendorff appellierte an Millionen von kulturbeeindruckten, potentiell deutschtreuen Ostjuden, Die Jiden in Paulen: "Wie Freind kummen wir zu eich ... Die gleiche Recht far Jiden soll werin gebaut auf feste Fundamenten!" Scheidemann schrieb 1915 und 1916 auf U-Booten nach Amerika geschmuggelte Berichte an die New Yorker Volkszeitung, die dann in jiddischer Übersetzung in der Zeitung "N. Y. Jewish Daily Forward" erschienen.

Er versuchte seine Leser von der deutschen Friedfertigkeit, aber auch von der Verteidigungsbereitschaft zu überzeugen. Bei einer Konferenz im Herbst 1916 wies Scheidemann darauf hin:

"Wenn damals ... statt der Volksvertretung das Volk selber hätte abstimmen können, ... dann wäre natürlich das ganze Volk für den Frieden eingetreten."

Ob er in dieser Hinsicht Recht hatte, mag dahingestellt bleiben. Da Scheidemann damit rechnen mußte, daß er sich später vor seinem Gewissen zu verantworten haben werde, legte er vom 25. Juli 1914 bis Januar 1919 (in Weimar) Gedächtnis-Protokolle in Form von Tagebüchern an: im ganzen 26 gefüllte Notizbücher, auf die er sich beim Abfassen seiner zwei Hauptwerke (von 1921 und 1928) stützen konnte. Diese Tagebücher schickte Scheidemanns Enkelin im Sommer 1933 als Paket an eine Deckadresse in Prag. Es wurde an der deutsch-tschechischen Grenze durch die wachsame Gestapo konfisziert. Diese erbeuteten Tagebücher ließ Goebbels für eine Hetzkampagne gegen Scheidemann, die in einer Illustrierten veröffentlicht wurde, ausschlachten[35].

Es sind während des I. Weltkriegs sehr viel mehr Friedensbemühungen von Scheidemann eingeleitet worden, als hier aufgezählt werden können; man kann sie sowohl am Ende des I. und am Anfang des II. Bandes der Memoiren Scheidemanns von 1928, als auch in seinem quellennäheren "Der Zusammenbruch" von 1921 nachlesen. Der Herausgeber Matthias hat eindeutig erhärtet, daß abgesehen von gelegentlichen Datierungsfehlern der Quellenwert des letzteren Buches enorm ist.

Es konnte nun im Verlauf des zweiten und dritten Kriegsjahres nicht ausbleiben, daß

---

[35] Ihr späterer Verbleib oder Verlust in Berlin oder einer Auslagerungsstelle konnte bisher nicht restlos geklärt werden.

der militärische Kampf im Reichstag parlamentarische Rückwirkungen auslösen würde, obwohl auch 1915 und 1916 der damals so genannte "Burgfrieden" zunächst hielt. Dennoch waren die Kriegszielvorstellungen zu gegensätzlich, um auf die Dauer überbrückbar zu bleiben. Je mehr der Hunger unter der Bevölkerung um sich griff, desto größer wurde naturgemäß die allgemeine Kriegsmüdigkeit. Je erfolgreicher der uneingeschränkte U-Bootkrieg ausfiel, je höher sich das Militär in Annexionspläne verstieg, desto stärker stieg der Druck auf die Reichstags-Vertreter der Arbeiterschaft, die für ihr Vaterland an allen Fronten und im eigenen Lande erhebliche Opfer brachte. Von Verzweiflungsstreiks wegen anhaltenden Hungers und des verbreiteten Gefühls der Hoffnungslosigkeit braucht hier nicht weiter gesprochen zu werden.

Die SPD-Fraktion half bei der Durchsetzung des Grundsatzes, daß der autokratisch geführte Haushaltsausschuß zum Hauptausschuß umgewandelt wurde, der somit von Ebert kontrolliert werden konnte.

So verschärfte sich der Gegensatz zwischen den Prestigebedürfnissen der Obersten Heeresleitung (OHL) und den unterentwickelten Kompetenzen des Reichstags. Zu deren Erweiterung boten sich zwei Strategien an. Die Kabinettsordern mußten parlamentarisch vertreten werden. Dadurch wurden die angemaßten Kompetenzen der OHL schrittweise eingeengt. Zweckmäßigkeitshinterfragungen durch den Reichstag stärkten seine parlamentarische Sachkompetenz und verliehen ihm Kontrollmöglichkeiten. Je erschöpfter das Militärkommando auftrat, desto gestärkter präsentierten sich die führenden Parteien, die zwei wesentliche Veränderungen gemeinsam unternahmen: sie brachten 1917 eine von den Mehrheitsparteien unterstützte Friedensresolution im Reichstag (im Folgenden abgekürzt "RT") heraus, und sie bildeten einen "Interfraktionellen Ausschuß" (im folgenden abgekürzt "IFA") im Reichstag, der quasi-exekutive Kompetenzen an sich zog.

Bezeichnenderweise wuchs das Bedürfnis nach einer Friedensresolution erst nach dem Scheitern des uneingeschränkten U-Boot-Krieges und dem Eintritt der USA in den Krieg am 6. April 1917. Die Fraktion des Zentrums im Reichstag wurde von dem sehr wendigen Matthias Erzberger geleitet. Als dieser sich über das nahe Kriegsende im Klaren geworden war und sich erstmals offen zu dem Friedensstandpunkt der Sozialdemokraten bekannte, war es so weit: die Vertreter der SPD, des Zentrums und der Nationalliberalen verständigten sich auf seine Initiative hin in wenigen Tagen auf eine gemeinsame Friedensresolution, die auf Umwegen zu dem später berühmt-berüchtigt gewordenen "Scheidemann"-Friedenskonzept führt, das sich dem Geiste nach als Rechtsfrieden mit Wilsons 14 Punkten von 1918 vergleichen läßt[36]. Ferner verfolgte Scheidemann mit lebhaftem Interesse die von Wilson nachgereichten Erklärungen vom Februar bis September 1918. Die Reichstagsresolution vom 19. Juli war zunächst am 14. Juli mit geringfügigsten Abweichungen im "Vorwärts" erschienen. Als Konzept stand sie im Gegensatz zum "Sieg"-Frieden der OHL. Ich zitiere daraus die zwei wichtigsten Sätze:

"Der Reichstag erstrebt einen Frieden der Verständigung [und] der dauernden Versöhnung der Völker. Mit einem solchen Frieden sind erzwungene Gebietserwerbungen und politische, wirtschaftliche oder finanzielle Vergewaltigungen unvereinbar."

Diese Gedankengänge eines Rechtsfriedens-Konzepts auch für die Besiegten, sofern sie ein ihnen unvertrautes Regierungssystem der Sieger öffentlich zur Anerkennung bringen wollen, berühren sich mit den Wilsonschen Punkten, an denen übrigens der später berühmte Kolumnist Walter Lippmann mitgearbeitet hat. Scheidemann kannte sie und die am 11. Febr. nachgeschobenen "Four Principles" genau. Er vertrat sie intern im IFA schon wenig später und öffentlich in seiner Rede v. 26. Februar 1918: "Wenn man von 14 Punkten über elf verhandeln kann, dann muß man zufassen." Zwar gebührt das Hauptverdienst am Zustandekommen dieser amerikanisch inspirierten Friedensresolution eher den Abgeordneten David, Scheidemann und Ebert als Erzberger, dennoch stellt ihre Annahme durch den Reichstag das Ergebnis einer gemeinsamen interfraktionellen Arbeit dar. Im Verlaufe des Jahres 1917 hatte Scheidemann an Friedensunterhandlungen in Schweden teilgenommen, die zum "Stockholmer Memorandum" führten, deren erste beiden Kapitel Wilsons Schreiber ihrerseits inspiriert haben können, zudem an Verhandlungen in Kopenhagen und Holland. Was seine Sondierungen über die russische Kapitulationsfrage betraf, so bekam er in seinem Wahlkreis dadurch politische Schwierigkeiten, die sich zeitweilig bis zum Redeverbot steigerten. Dabei hatte das Außenministerium diese Sondierungen genehmigt und die OHL (Ludendorff) den Geheimtransport Lenins in einem plombierten Zug unterstützt, um eine Kapitulation Rußlands zu beschleunigen. Ein deutschsprechender Exilrusse, Dr. Alexander Helphand

---

[36] Siehe dazu unten Abschnitt 2.8.

(1867-1924), genannt "Parvus" von der SPD, der Scheidemanns Verleger in Berlin wurde, hatte diesen quasi hochverräterischen Transport als Berater in Fragen der russischen Revolution der Reichsregierung angedient. Die Folgen sind allzu bekannt.
Die SPD hatte im Oktober 1917 ihren einzigen Parteitag während des Kriegs in Würzburg abgehalten. Dort wurde Scheidemann zum Mitvorsitzenden der Partei gewählt. Ebert strahlte dort Zweckoptimismus aus:
"Die großen Zukunftsaufgaben werden mit zwingender Logik Einheit und Geschlossenheit der Partei wieder herstellen".
In Wirklichkeit blieb die Mehrheits-SPD (=MSPD) unter seinem und Scheidemanns Fraktionsvorsitz - Scheidemann wurde im Juni 1917 abermals zum Ersten Vizepräsident des Reichstags gewählt - von der Unabhängigen SPD (=USPD unter Hugo Haases Vorsitz) von Okt. 1917 bis 1922 abgespalten.
Wegen der eigenartigen Stellung des Kriegsreichstags als eines beschränkten Legislativorgans, das planmäßig von oben von der Macht ausgeschlossen worden war, wurden eine Geschäftsordnungs- und Wahlrechtsreform das geltende Dreiklassenwahlrecht betreffend stets verschoben. Je härter die Niederlage durch die Kriegsverlängerung ausfallen würde, desto sicherer würde "am Ende" der westliche Parlamentarismus in Deutschland eingeführt werden. War der IFA zunächst nur ein Horchposten, dann ein koordinierendes Komitee, wandelte er sich allmählich zu einem Exekutiv-Hilfsorgan. Neben Erzberger formten die Abgeordneten Ebert und Scheidemann, Dr. Eduard David und vielleicht noch Dr. Albert Südekum das eigentliche Rückgrat dieses Ausschusses. Wertet man das Sitzungsverzeichnis aus, das Matthias und Morsey 1959 vorlegten, so stellt sich folgendes Ergebnis dar: Der IFA muß zwischen dem 6. Juli 1917 und 30. Sept. 1918 etwa zweihundertfünfzigmal getagt haben, also in kleinen Gruppen fast täglich zusammengekommen sein. Ebert und Scheidemann besaßen beide auf der Basis der ca. einhundert vorhandenen Sitzungsprotokolle die höchste Anwesenheits- und Sprecherrate von mindestens 40 %. War der Übergangsreichskanzler Michaelis bei Amtsantritt dem Ausschuß noch ein "unbekannter Mann", dem der RT alsbald "eine Schelle umhängte", so wirkten Erzberger und Ebert beim Wechsel zu Reichskanzler v. Hertling bereits im Hintergrund mit. Als auch dessen Ansehen rapide absank, gab u.a. Eberts Mißtrauensvotum im IFA im Herbst 1918 bei Hertlings Sturz den Ausschlag. Dies geschah, weil die SPD-Fraktion kraft ihrer Mitarbeit im IFA schon so einflußreich

geworden war, daß sie am 24. Sept. 1918 im "Vorwärts" die Bedingungen der Parlamentarisierung abdruckte, unter denen sie im Einklang mit Wilsons Vorschlägen bereit war, bei der Regierungsumbildung mitzuwirken:
1. Bekenntnis zur Friedensresolution vom 19. Juli 1917 und Beitritt zum Völkerbund. 2. Wiederherstellung Belgiens, Serbiens und Montenegros. 3. Zivilverwaltung in allen besetzten Gebieten bei Friedensschluß. 4. Autonomie Elsaß-Lothringens [gemeint ist: innerhalb des Reichsverbands]. Allgemeines und gleiches, geheimes und unmittelbares Wahlrecht für alle Bundesstaaten. 5. parlamentarische Regierungsweise. Aufhebung des Art. 9,2 der Reichsverfassung betreffend gleichzeitiger Mandate im Reichstag und Bundesrat. 6. Versammlungs- und Pressefreiheit. Zensurabschaffung bei ziviler Berichterstattung.

Die Fraktion hatte im IFA mit dem Verhandlungsgeschick Scheidemanns und der Formulierungskraft Eberts gewuchert und damit in unmittelbarer Zukunft Ministrabilität errungen. Sie vertraute noch einmal der Macht des Friedenswortes statt dem bloß diktierenden Machtwort. Dies sollte sich als die zweite große Illusion herausstellen, die Scheidemann und Ebert teilten.

2.4 Staatssekretär ohne Portefeuille

Während die Debatte über den Friedensschluß mit Rußland in der Schwebe war, stimmte die SPD-Fraktion im Frühjahr 1918 noch einmal den geforderten Kriegskrediten zu, da sich, wie Ebert erklärte, "unser Land im Westen immer noch in der Verteidigung gegen Feinde [befindet]".
Die Verhandlungen in Brest-Litowsk mit der neuen sowjetischen Regierung hatten zu einem deutschen Diktatfriedenskonzept geführt, das Scheidemann im IFA vergeblich bekämpfte. Wäre Rußland diesen deutschen Friedensbedingungen auf Dauer unterworfen gewesen, so hätte es zwei Fünftel seiner Bevölkerung, ein Viertel seiner europäischen Besitzungen, 89 % der Kohleförderungs-, und 73 % der Eisenerzförderung verloren. Scheidemann bekämpfte die Zustimmung seiner Fraktion zu diesem "Frieden", dem, so Scheidemann, der Annexionismus durch die eisernen Zähne bliese. Die Fraktion enthielt sich letztlich der Abstimmung, mehr hat Scheidemann nicht erreichen können. Den Westalliierten, der sog. Entente, konnte nicht entgangen sein, wie sich die deutsche Eroberungspolitik ihren Siegfrieden im Osten vorstellte. "Die mächtigen Impulse, die von den russischen Revolutionen des Jahres 1917 ausgegangen waren, hatten ... breiteste

Kreise der deutschen Arbeiterschaft in ihren Bann gezogen und sie vornehmlich in ihrem Friedenswillen bestärkt ..." (Matthias 1970)

Dennoch bildete diese Sympathie nicht den eigentlichen Kern des militärischen Zusammenbruchs, sondern die militärische Niederlage war der physischen und psychischen Erschöpfung, ausgelöst durch Hunger, Elend und Verzweiflung zuzuschreiben. Der moralische Druck, der auf dem kämpfenden und ausharrenden Volke lange lastete, war unerträglich geworden. Nur Wilhelm II. träumte noch von einem letzten Herzogtum Kurland. Die verschiedenen Reichstagsfraktionen hatten die Niederlage kommen sehen; dann traf am 28. Sept. 1918 Ludendorffs Telegramm bei der Regierung in Berlin ein: das Hauptquartier mußte die militärische Gesamtniederlage eingestehen. Die Friedensbitte sollte nicht etwa direkt von Berlin an das Alliierte Hauptquartier ergehen, sondern von Bern aus nach Washington zum vielleicht milder gesinnten Woodrow Wilson, denn "achtundvierzig Stunden könne die Armee nicht mehr warten", gestand Ludendorffs Vertreter im Großen Hauptquartier am 1. Okt. 1918 unumwunden ein. Der Offenbarungseid von Oktober 1918 erfolgte militärisch von oben, parallel zum Kriegsausbruch im August 1914. Besiegt war nicht das Militär allein, sondern das müde deutsche Volk, ohne daß nach dessen Zustimmung oder Ablehnung vorher oder hinterher gefragt worden wäre. Kurz vor dem Zusammenbruch des Deutschen Reiches war der dreiundfünfzigjährige Fraktionsvorsitzende Scheidemann bereits fünfzehn Jahre lang mit wachsendem Ansehen politisch, d.h. hauptsächlich parlamentarisch tätig gewesen. Er konnte die Mehrheitsmeinungen seiner Partei auch dann überzeugend vertreten, wenn sie seiner eigenen politischen Meinung, die intern in der Minderheit geblieben war, nicht oder nur bedingt entsprachen. Diese Stärke verlieh ihm in den Augen seiner Gegner, etwa vertreten durch Gustav Stresemann, einen leicht demagogischen Zug, der sich aber z.T. daraus erklärt, daß stets auch die Stellungnahmen der USPD, die mit der MSPD im Wettbewerb stand, beachtet werden mußten. Scheidemann hatte im IFA große Erfahrung gesammelt. Er konnte mit den andern dort tätigen Parteiführern im IFA eine viel größere Bekanntschaft entwickeln als vorher. Schließlich war auch sein Gegner Erzberger im gleichen Jahr wie er in den Reichstag eingezogen und verfügte daher auch über eine ebenso große Erfahrung wie Scheidemann. In einer Hinsicht hatten beide mit den anderen Parteiführern im September/Oktober intern übereingestimmt: die Reichsregierung als Maschinerie mußte schleunigst parlamentarisiert werden, um den außerordentlichen Ansprüchen gerecht werden zu können, die die Abwicklung des Kriegszustandes an sie stellen würde. Als springenden Punkt dieses Demokratisierungsprozesses mußte die sozialdemokratische Fraktion in dieser Notlage die "Ausschaltung unverantwortlicher Nebenregierungen" ansehen, die keine Verantwortung übernehmen konnten. Am 23. September hatte sich die Fraktionsleitung noch einmal im "Vorwärts" über die Frage einer evtl. Regierungsbeteiligung der SPD geäußert. Die Frage, die die Fraktion nunmehr am 2. und 3. Okt. 1918 zu entscheiden hatte, lautete, ob sie sich dazu hergeben sollte, den Bankrott der militärischen Regierungspolitik von 1914-18 durch Mitarbeit in einem maroden Kriegskabinett jetzt und hier mitzuverantworten, nur weil sie darum in individuellen und fraktionellen Sondierungen gebeten worden war.

In den letzten Atemzügen des untergehenden Kaiserreiches gab es den Ruf nach einem Vizekaiser, der gleichzeitig Kanzler sein sollte, der der OHL genehm sein mußte und ohne die Unterstützung der MSPD dieses Amt nicht auf sich nehmen würde. Er mußte sich mit den Beteiligungsbedingungen eines "Vorwärts", der gewiß nicht zu seiner Lieblingslektüre gehörte, einverstanden erklären. Wir halten noch einmal fest: diese Bedingungen entsprachen weitgehend den Wilsonschen Prinzipien. Die Wahl fiel auf den präsumtiven Thronfolger des Großherzogtums Baden, Prinz Max.

Getreu den Verfahrenswegen der SPD wurde nun am 2. Oktober mehrheitlich (aber nicht etwa einstimmig) grundsätzlich für eine Fraktionsbeteiligung an der Kabinettsregierung des Prinzen Max von Baden gestimmt[37]. Am 3. Okt. wurde dieser Beschluß auf Drängen Eberts formalisiert. Scheidemann konnte dieser Zumutung das Gewicht der Mehrheit nicht entgegensetzen.

Die Mehrheit wählte ausgerechnet ihn (und Gustaf Adolf Bauer)[38] als Kandidaten für den Staatssekretärsposten (die damalige Bezeichnung für Minister) für das letzte kurzlebige Kriegskabinett. Es ist Scheidemann erst später bekannt geworden, daß Prinz Max lieber seinen Landsmann Ebert berufen hätte, den aber entließ die Fraktionsmehrheit auf dessen Wunsch nicht in dieses gewagte politische Unternehmen.

---

[37] Genauer gesagt, "die Nichtbeteiligung" an einer Regierung eines Reichskanzlers Prinz Max, falls sie zustandekommen sollte, wurde, falls diese Angaben glaubhaft sind, "gegen wenige Stimmen abgelehnt. Gegen 7 Stimmen stimmte sodann die Fraktion dem Eintritt von Parteigenossen in die Regierung zu.", ("Sammlung Scheidemann"), II/ 145/ 8/ S. 12.
[38] Das Protokoll bricht vor der namentlichen Benennung ab, vgl. Abschnitt 3.3.

Unter dem Reichskanzler Max v. Baden blieb Friedrich v. Payer (FVP) Vizekanzler, avancierte Wilhelm Solf zum Staatssekretär des Auswärtigen Amts und Karl Trimborn (Zentr.) zum Staatssekretär des Innern. Ferner wurden nach Vorschlägen der betreffenden Parteien als "bekannte Namen" Matthias Erzberger (Zentr.), Adolf Gröber (Zentr.), Conrad Haußmann (FVP), und Scheidemann Staatssekretäre ohne Portefeuille. Ferner wurden acht weitere Staatssekretäre, darunter G. A. Bauer (MSPD) für das Ressort Arbeit, ernannt. Da diese letzte "vizekaiserliche" Regierung nur knapp fünf Wochen im Amt blieb, mutete es besonders peinlich an, daß von Beginn an mit Rücktrittsabsichten gedroht wurde. Weder hatte der Reichskanzler seine Wunschkandidaten bekommen, noch waren alle Regierungsmitglieder freiwillig in ihr Amt eingetreten. Ebert sollte ein Amt erhalten, wollte es jedoch schließlich nicht annehmen, weil ihm sein Fraktionsvorsitz vorrangig erschien. Scheidemann wollte seine Partei insgesamt nicht mit hineinziehen, mußte wegen des Mehrheitsbeschlusses aber antreten, was er später bereut hat, ja 1938 als Bosheit der Fraktion ansah. Hätte sonst Ebert statt seiner gewählt werden müssen?

Am 3. Oktober abends wurde er nicht etwa vom Regierungschef, sondern vom Vizekanzler v. Payer mit den Worten begrüßt: "Exzellenz Scheidemann, ich heiße Sie als Staatssekretär in unserm Kreise willkommen ...!" Am nächsten Abend traf das Ernennungsschreiben aus dem Großen Hauptquartier vom 4. Okt. 1918 ein, unterzeichnet von Wilhelm II. und dem Prinzen Max. Sie betrauten ihn wegen Art. 21,II der Reichsverfassung mit der Wahrnehmung der "Geschäfte eines Staatssekretärs nach näherer Bestimmung des Reichskanzlers ...", um einem Mandatsverlust im Reichstag vorzubauen. Die eigentliche Ernennung zum Staatssekretär erfolgte "in der schwülstigen Form der guten alten Zeit" mit Wirkung vom 31. Oktober.

Die Amtstätigkeit des Reichskanzlers begann mit einer Reichstagsrede, die das Kabinett vorher nicht gesehen, geschweige denn gebilligt hatte. Die Rede vom 5. Okt. durften die sog. "ethischen Imperialisten" mitformulieren, allein die neuen Staatssekretäre nicht. Die OHL hatte diese Rede freilich schon im voraus genehmigt. Das Auswärtige Amt mußte ihr dann eilends die deutschdynastischen Spitzen nehmen. Ein versierter Unterstaatssekretär im Reichsamt des Innern hatte eine neue Rede aus der amorphen Masse entworfen, die Wilson nicht reizen würde und ihm etwa einen Vorwand liefern könnte abzulehnen. Entsprechend ging die Rede glatt über die Bühne. Man hätte also im

In- und Ausland davon ausgehen können, daß eine neue Regierung im Begriffe stand, auf parlamentarisch nachvollziehbaren Bahnen die Liquidation des Krieges einzuleiten. Innerhalb einer Woche nach Übernahme der Reichskanzlerschaft kam es zu einer unglücklichen Indiskretion. Die Berner "Freie Zeitung" veröffentlichte einen nicht weit zurückliegenden Privatbrief des Prinzen Max an seinen Vetter, Alexander Fürst zu Hohenlohe. Darin geißelte er den anglo-amerikanischen Parlamentarismus als bloßes Schlagwort der Parteidialektik, den er sowohl für Deutschland als auch für Baden ablehnte. Und schlimmer noch: die in der Reichstagsrede als Vertragsgrundlage erwähnten Friedensresolutionen, in der sich Wilson und Ebert/Scheidemann trafen, wurden sogar als "dumme Erscheinungen", wenigstens der Form nach, in der sie aufgesetzt waren, bezeichnet. Sein demokratischer Instinkt riet Scheidemann, wie er in seinen Memoiren ausführt, entweder zum Rücktritt seines Chefs oder zum Ausscheiden aus dem Kabinett, dessen Vertrauensvorschuß bereits erschüttert war. Wie sollte ein solcher Regierungschef bei Wilson namens des Reiches glaubwürdig um Frieden bitten können? Scheidemann und Bauer schrieben an den Vizekanzler v. Payer am 12. Oktober einen Brief, in dem sie ihm mitteilten, daß sie dem Kabinett nicht länger angehören könnten, wenn Prinz Max weiter an seiner Spitze stehe. Dessen Brief mache jetzt die Runde durch die Ententepresse und kompromittiere die Herbeiführung des Friedens unter der Leitung des Prinzen. Nach reichlichem politischen Hintertreppengerede wurde sogar kolportiert, Präsident Wilson und sein Secretary of State Robert Lansing hätten die Absicht, den Brief gänzlich zu ignorieren. Bald beschloß die SPD-Fraktion, "eine Kanzlerkrise zu vermeiden"[39]. Der undemokratisch gesinnte Reichskanzler ließ dann, ohne sein Kabinett einzuweihen, durch neutrale Kanäle an das amerikanische Department of State "die Warnung leiten", die Abdankung des Kaisers, seines älteren Vetters, nicht zu verlangen, da dies als eine Art Einmischung in innere deutsche Angelegenheiten, also das Selbstbestimmungsrecht, ausgelegt werden könnte. Am gleichen Tage, als Scheidemann und Bauer ihren Rücktritt angedroht hatten, ging eine weitere Note an Präsident Wilson. Dessen Antwort vom 14. Oktober mußte auch die Augen des letzten "ethischen Imperialisten" öffnen, daß es die Alliierten sein würden, denen man "die Bedingungen des Waffenstillstands ... werde überlassen müssen". Der

---

[39] Der Zusammenbruch, S. 184.

Präsident verlangte von der neuen Reichsregierung "Bürgschaften", daß vor einem Waffenstillstand "die unmenschlichen Handlungen, Plünderungen und Verwüstungen auf dem erzwungenen Rückzug des deutschen Heeres" aufzuhören hätten.

Es war Scheidemanns Ansicht, daß der Präsident nur mit einer für ihn einwandfreien Volksvertretung verhandeln wollte. In der dritten Note an Wilson vom 20. Okt. legt die deutsche Regierung gegen den Vorwurf ungesetzlicher und unmenschlicher Handlungen Verwahrung ein. Es wird ihm mitgeteilt, daß es in Zukunft dem Deutschen Reichstag obliegen werde, einem eventuellen Friedensschluß zuzustimmen, und daß die Gesetzeslage baldig dahingehend geändert werden würde. Am 22. Okt. traf Wilsons telegraphische Antwort ein. Es wird darin unmißverständlich klargestellt: die Regierung der Vereinigten Staaten wolle nur mit "wahrhaftigen Vertretern des deutschen Volkes ... verhandeln", nicht aber mit "... monarchischen Autokraten". Mit derartigen Personen könne nicht über Friedensverhandlungen gesprochen werden, sondern nur bezüglich einer Übergabe. Das konnte im Klartext nur heißen, daß eine kaiserliche Regierung nach Maßgabe der Umstände nicht friedensverhandlungsfähig gewesen wäre. Der Kaiser mußte also zurücktreten.

Die Schwerpunkte in den Kabinettssitzungen, an denen Prinz Max wegen einer Grippeerkrankung nur etwa zur Hälfte teilnehmen konnte, waren die Behandlung des Waffenstillstands- und Friedensangebotes, die Beratung der Wilson-Noten, ferner die Entlassung des Generalquartiermeisters Erich Ludendorff am 26. Okt., die am 28. Okt. verstärkten Forderungen nach Abdankung des Kaisers und die Reaktion auf die ausgebrochene Novemberrevolution. Bald sollte sich Ludendorff unter dem Alias "Lindström" nach Schweden absetzen.

Was Scheidemann angeht, so wird seine häufige Anwesenheit von keinem anderen Sozialdemokraten übertroffen. An den fünfundvierzig Sitzungen des Kriegskabinetts nahm er 42mal, fast ausschließlich als Sprecher, teil. Auch an den Sitzungen des Gesamtkabinetts ist seine Teilnahme so regelmäßig wie die anderer Kollegen. Leider hielt der Reichskanzler, wie aus einem nachgelassenenen Brief vom 31. Okt. 1920 hervorgeht, die Entsendung Scheidemanns als einen der zwei Amerikakenner zur Friedenskonferenz "für inopportun". Immerhin muß der Kabinettspitze klargewesen sein, daß Scheidemann dieser Aufgabe gewachsen gewesen wäre. So wurde die Auswahl zwischen Haußmann und Erzberger zugunsten des letzteren entschieden. Am 6. Nov.

wurde der sich sträubende Erzberger als Bevollmächtigter des Reichskabinetts und Leiter der Waffenstillstandskommission neben den Vertretern der OHL und einem Diplomaten auf die schwierige Reise zu Marschall Foch, dem Oberbefehlshaber der Alliierten Streitkräfte, geschickt.

Man wird der Oktoberregierung seine Anerkennung nicht versagen können. Sie mußte auf zwei Kontinenten gleichzeitig Waffenstillstandsverhandlungen führen, während sie sich über das wahre Ausmaß der Lage an der Front nicht im klaren sein konnte.

Sie mußte eilends das parlamentarische Regiment erproben und die Verfassungswirklichkeit mit der veralteten Verfassungsausprägung in Einklang zu bringen versuchen. Außerdem mußte sie den Revolutionsausbruch bis zur Abdankung des Kaisers eindämmen, der sich unerreichbar im Hauptquartier zu Spa aufhielt und so seiner Verantwortung entzog. Die Freiheit des Handelns war der Oktoberregierung geraubt. Die Ereignisse nahmen ein Staccatotempo an.

Obwohl der Reichskanzler Prinz Max von Baden ein parlamentarischer Außenseiter geblieben war, über den die Revolution im gewissen Sinne hinwegging, bezeichnet ihn Lothar Gall als eine altliberale "Galionsfigur". Vielleicht darf man in dieser Denkrichtung einen Schritt weitergehen und ihn in dieser Notsituation als eine Art Verweser des Reiches bezeichnen, zu dem man am Ende einer Epoche vorübergehend Vertrauen fassen mochte. Nach der Niederlage des Reiches brach die Aufstandsbewegung zuerst in Norddeutschland los. Scheidemann beschreibt sie anschaulich mit der Formulierung "Sturmvögel von der Waterkant". Zwischen dem 5. und 9. November kam die Aufruhrbewegung immer näher an die Reichshauptstadt heran. Es wurde den Kabinettspolitikern klar, daß der Kaiser entweder unmittelbar zurücktreten oder seinem Throne entsagen mußte. Es ging dabei auch um die Amnestierung von Meuterern und um die baldige Entlassung von Militärgerichts-Verurteilten. Der Kaiser, wäre er wirklich tapfer gewesen, hätte sich an die Spitze der Befriedungssehnsucht seiner geschlagenen Untertanen stellen können, aber dazu fehlten ihm wohl Einsicht und Charakterstärke. Woher sollte ausgerechnet er ein Bürgerbewußtsein haben? Es fehlte ihm überdies das badisch-süddeutsche Feingefühl seines Vetters Max. Die Situation wurde durch noch bestehende Pressezensur erschwert und verwirrt. Dabei war die Abdankung des Obersten Kriegsherrn ein politisches, kein militärisches Thema[40], und hätte somit in aller Öffentlichkeit diskutiert werden müssen. Für den Reichskanzler kam bis Ende Oktober noch ein freiwilliger Akt Wilhelms II. in Betracht, und auch Scheidemann schwebte bis dahin der freiwillige Verzicht noch als politisch befreiende Tat vor. Im Kabinett als einem Spiegelbild der allgemeinen Volksmeinung herrschte spätestens ab Ende des Monats die einhellige Meinung vor, daß der Verzicht des Kaisers die Friedensbedingungen vielleicht immer noch erträglicher machen würde. Das Kabinett empfahl seinem Kanzler schriftlich den freiwilligen Thronverzicht. Diese Empfehlung verfehlte indes abermals ihre Wirkung beim Kaiser, der aus dynastischem Interesse sein falsch verstandenes Gottesgnadentum noch nicht ablegen wollte.

Alsdann griff die SPD-Fraktion zum Mittel des Ultimatums, weil die Lieblingswaffengattung des Kaisers in Kiel den sofortigen Rücktritt ihres Flottenoberbefehlshabers Wilhelm verlangte. Dieses Ultimatum trägt den Stempel Scheidemanns. Er sprach dies auch ganz offen aus: jetzt müsse sich die Arbeiterpartei "an die Spitze der Bewegung stellen"[41], denn "übermorgen" werde diese Bewegung auch nach Berlin übergreifen. Noch waren Sitzungen von Arbeiter- und Soldatenräten in Berlin polizeilich verboten. Am Abend des 8. Nov. konnte Ebert, durch Vertrauensleute in den Berliner Großbetrieben informiert, der Fraktion erklären, daß die Arbeiter aller Voraussicht nach "morgen" streikend auf die Straße gehen würden. Es mußte mit Blutvergießen und Chaos gerechnet werden. Abdankungsforderungen wurden jetzt offen in allen Teilen des Reiches erhoben. Schilder mit der Aufschrift "Nicht schießen!" erschienen auf den Straßen Berlins. Sie bezogen sich eindeutig auf die anwesenden Truppen, die sich - von Regiment zu Regiment verschieden - kaisertreu oder auch nicht verhalten mochten. Nicht alle Soldaten in Berlin hielten noch zur Monarchie, die das Glück längst verlassen hatte. Scheidemann erfuhr sehr früh aus der Reichskanzlei, daß der Kaiser noch nicht zurückgetreten, aber stündlich mit diesem Schritt zu rechnen sei.

Um freie Hände zu haben, legte Scheidemann nach telephonischer Vorankündigung sein Amt schriftlich nieder, am gleichen Tage, an dem sich Kaiser Wilhelm, von Hindenburg gedrängt, seinerseits zur Abdankung durchrang. Die SPD-Fraktion hat demnach das

---

[40] Der Zusammenbruch, S. 198.
[41] Der Zusammenbruch, S. 205.

Ultimatum, nämlich geschlossen zurückzutreten, nicht wahrgemacht. Gegen Mittag des 9. Novembers, als der Generalstreik der Arbeiter sich in das Stadtinnere ausdehnte, erließ der kommandierende General ein Schießverbot an seine Berliner Truppen, soweit sie nicht schon zu den Aufständischen übergelaufen waren.

Noch am Vormittag bedrängte Max von Baden Friedrich Ebert wahrscheinlich unter vier Augen, mindestens jedoch in vertraulicher Form, daß Ebert dringend die schwere Bürde des Reichskanzlers von ihm übernehmen müsse. Einerseits ging damit der scheidende Prinz auf das Rücktrittsultimatum der MSPD ein, andererseits handelte er wie ein altmodischer Reichsverweser formaljuristisch klar außerhalb der Legalität der Reichsverfassung. Die ihm angetragene Aufgabe vermochte er mit Würde auszufüllen. Auch Ebert, der nach allgemeiner Zustimmung der Staatssekretäre nun berufen werden mußte, war seiner Rolle gewachsen, und begann mit größter Selbstverständlichkeit, die Geschäfte eines Kanzlers wahrzunehmen. Ebert soll sogar in einem Anflug von unfreiwilliger Tragik in der förmlichen Übergabeszene gesagt haben, er nehme dieses Amt "im Namen der Reichsverfassung" an. Wie merkwürdig schlicht diese Übergabe erfolgt ist! Das Volk selbst hat seine Meinung darüber erst hinterher zum Ausdruck bringen können.

Scheidemann war ein gänzlich anderer Typ als Ebert. Scheidemann konnte die Strömungen der Zeit stärker an sich miterleben. Es muß ihm merkwürdig erschienen sein, daß es an der politischen Akklamation, für die beide Sozialdemokraten so lange in der Öffentlichkeit gekämpft hatten, noch mangelte. Natürlich übersah er nicht, daß nun keinesfalls die spätere Staatsform ausführlich festgelegt werden konnte. Indes hatte das Gerücht des Thronverzichts des Kaisers und des Kronprinzen Berlin gegen Mittag erreicht (formell entsagte Wilhelm II. erst im holländischen Exil am 28. November dem Thron). Aber "die Linke" war auch nicht untätig geblieben.

In seinem quellenkritischen "Der Zusammenbruch" beschreibt Scheidemann den 9. November als ersten Tag der Revolution und logische Folgeentwicklung des verlorenen Krieges. Seiner eigenen Rede vom Gebäude des Reichstags gedenkt er dabei nicht, um sich nicht eine Vaterschaft bei der Geburt der Revolution anzumaßen. Bis zum Erscheinen des Erinnerungsbandes über Ebert[42] mögen seine unablässigen

---

[42] Anfang 1928 in Berlin.

Friedensbemühungen beim Publikum schon etwas verblaßt gewesen sein.

Da er oft gezwungen war, über diesen wichtigen Tag im Leben der Nation zu sprechen, hatte er sich zu einer ausführlicheren Darstellung in seinen Memoiren, die erst im Herbst 1928 in Dresden erscheinen konnten, entschlossen. So griff er noch einmal auf seine Tagebücher zurück, denn in der Retrospektive hatte sich gerade die Szene, die in seiner besonderen Ansprache zum Tribunal geworden war, ins Kollektivgedächtnis eingeprägt. Aus einem Fenster des Reichstagslesesaals, am Balkon nördlich vom Postbüro, unter dem heute die Scheidemannstraße um die Ecke nach Osten biegt, hatte er als Verkünder des Geschehens den in seinen Augen bereits vollzogenen Wechsel von der Monarchie zur Republik ausgerufen. Matthias datiert den Zeitpunkt auf ca. 14.00 Uhr. Scheidemann als volksnaher Tribun war zudem ja noch Parteimitvorsitzender. Und so riefen aufgeregte Berliner nach ihm, als bekannt wurde, daß Karl Liebknecht eine Art Räterepublik ausrufen wollte, was auch gegen 16.00 Uhr vom Balkon des Schlosses geschah. Liebknecht war sein "schärfster Gegner", den Scheidemann, als er ihn aus der Haft zu begnadigen empfahl, trotzdem für "vornehmer als manchen anderen" hielt - ihm mußte Scheidemann zuvorkommen! So rief er nach seinem besten Wissen eine Folge des Zusammenbruchs aus, die er persönlich für erstrebenswert hielt. Sie sollte nach seiner Meinung auch unumkehrbar bleiben: der soeben entstehende Staat sollte nach Scheidemanns persönlicher Überzeugung den Rahmen einer Republik erhalten. Die aus dem Stegreif gehaltene Rede dauerte nur wenige Minuten. Sie ist nicht mitgeschnitten, aber auch nicht authentisch mitstenographiert[43] worden. Das Photo, das in dem zweiten Memoirenband zwischen S. 312 und 313 eingeheftet wurde, ist eine Photomontage, die nicht am 9. November aufgenommen wurde.

Es gibt mehrere von Scheidemann autorisierte Fassungen der Rede, nämlich eine längere rekonstruierte Version seiner Memoiren, und eine abgekürzte Fassung im Ebert-Gedächtnis-Band (S. 181); darüberhinaus gibt es eine nachgesprochene Fassung auf einer Metallversprungplatte der Zwanziger Jahre, nach der später die SPD- Jubiläumsplatte kopiert wurde und die längste Version im unveröffentlichten dritten Teil von

---

[43] Trotz der gegenteiligen Behauptung von Manfred Jessen-Klingenberg, Die Ausrufung der Republik durch Philipp Scheidemann am 9. November 1918 in: Geschichte in Wissenschaft und Unterricht. 19. Jahrgg. 1968, S. 649-656. Eine anonym veröffentlichte Nachschrift, auch wenn sie von einem promovierten Revolutionsalmanach-Herausgeber stammen sollte, ist kein Amtsblatt.

Scheidemanns Memoiren. Es gibt aber auch die vollständige Verschweigung dieser Ansprache in Scheidemanns frühestem Zeugnis, seinem Buch, Der Zusammenbruch, das er 1921 veröffentlichte. Er muß die Ansprache bei größerer Nähe zum Geschehen nicht für wichtig genug gehalten haben oder er hielt sie vor Eberts Tod für zu kontrovers, um darauf ausführlich einzugehen. Die späteren Versionen wurden von Scheidemann im Memoirenstil ausgeschmückt und sprachlich etwas abgerundet, wie ein Zentrumsabgeordneter in seinem Nachlaß, der an Prinz Max von Baden gelangte, in bezug auf die dritte Fassung gehässig bemerkte. Jessen-Klingenberg schießt weit über das Ziel hinaus, wenn er Scheidemann "Fälschung"[44] unterstellt. Wie dem auch sei, die zündende Rede stellt selbst noch in ungenau überlieferter Form ein paar Sternminuten der deutschen Demokratie und ihrer sternschnuppenartigen Geschichte dar. Der Parteivorsitzende der SPD, der drei Monate später zum ersten sozialdemokratischen Ministerpräsidenten Europas gewählt wurde, hat hier Worte gefunden, die von Geistesgegenwart und von ermahnender Rednergabe zeugen. Die Kernsätze lauten so: "Das Volk hat auf der ganzen Linie gesiegt! ... Die neue Regierung [Ebert] darf nicht gestört werden in ihrer Arbeit ... Seid Euch der geschichtlichen Bedeutung des Tages bewußt ... " [Verfassers Zwischenbemerkung: sollte er tatsächlich "Alles für das Volk, alles durch das Volk!" erwähnt haben, so verspürte man den Geist Abraham Lincolns]... "Das Alte, das Morsche, die Monarchie ist zusammengebrochen ... Es lebe das Neue, es lebe die deutsche Republik!"[45] Der Beifall hielt an; es mag manchem ein Stein vom Herzen gefallen sein; einige mögen getrauert haben. Überwogen hat zweifellos die Erleichterung. Kaum in den Speisesaal des Reichstags zurückgekehrt, bekam Scheidemann einen zornigen Verweis von seinem Parteifreund Ebert, der ihn anschrie: "Du hast kein Recht, die Republik auszurufen [...] das entscheidet die Konstituante!" Eine weitere Stunde später übertrug Prinz Max in einer Art "Kanzlermontage" vor versammelten Würdenträgern öffentlich und formell die Bürde an Friedrich Ebert. Die Arbeiter und Soldaten wählten ihre Obleute und eröffneten bereits um 21.30 Uhr im Großen Sitzungssaal des Deutschen Reichstages ihre erste Sitzung. Das Volk hatte in der

---

[44] So im Schlußsatz, wie in Anmerkung 43, S. 656.
[45] So, aber verlängert durch Detailangaben, stellt sich übrigens auch Jessen-Klingenberg im Gefolge eines Dr. Ernst Friedegg, dem angeblich "die Aufgabe zugefallen" sei, die Rede zu stenographieren, den geäußerten Stegreiftext vor, aaO, S. 653.

Tat auf der ganzen Linie gesiegt.

2.5 Volksbeauftragter

Wie wir gesehen haben, erfolgte der politisch eingeleitete Umbau der staatlichen Machtneuverteilung vor der Revolution in mehreren Phasen. Natürlich haben wir diese nur mit Blick auf Scheidemann angesprochen. In diesem Abschnitt treffen wir auf die zweite Phase der Veränderung. Die politische Lage am 10. November 1918 hat sich in Berlin des zweiten Tages der Republik rapide verändert und sogar schon leicht gebessert. Die Republik beginnt zu atmen.

Der Kaiser war durch seine Flucht nach Holland auch als Preußischer König untragbar geworden. Ironischerweise war er jetzt - wie er es vor dem Kriege den angeblich vaterlandslosen Sozialdemokraten unterstellt hatte - fahnenflüchtig und vaterlandslos geworden - und so trafen ihn seine eigenen Invektiven mit voller Wucht; denn entgegen seinen tönenden Durchhalteparolen hatte er sich durch "Wortbruch" seiner Verantwortung vor dem Vaterland entzogen. Preußen hatte die hohenzollersche Herrschaft abgeschüttelt.

Die Parteiführungen vereinbarten eine paritätisch zu besetzende Koalition, die am 10. November aus der MSPD und der USPD geschlossen wurde. Die MSPD entsandte Ebert, Scheidemann und den Rechtsanwalt Dr. Otto Landsberg, seit Oktober Mitglied des Fraktionsvorstands; die USPD delegierte den Rechtsanwalt Hugo Haase, den Redakteur Wilhelm Dittmann und den Radikalen Emil Barth, "der nicht auf einen solchen Posten paßte". Diese De-facto-Regierung wurde durch die im Zirkus Busch tagende Versammlung der Arbeiter- und Soldatenräte (=A u S) bestätigt.

Während Erzberger im Namen dieser volksbeauftragten Regierung in Compiègne weiterverhandelte, wurde in Berlin eine eigenartige Kanzlerkonstruktion erprobt, die Scheidemann ironisch als "sechsköpfigen"[46] Reichskanzler der Volksbeauftragten in der

---

[46] Daß sich hinter dieser "Mehrköpfigkeit" mehr als ein Wortspiel verbirgt, ergibt das Folgende: Zu meiner großen Überraschung stieß ich in Potsdam, Reichsarchiv Reichskanzlei, II/ 2IV Rev/ 26 "Akten betreffend die persönlichen Angelegenheiten der Volksbeauftragten" auf folgenden Sachverhalt: "Nach Benehmen mit der Reichsfinanzverwaltung wird folgendes bestimmt. Die Volksbeauftragten erhalten eine Aufwandsentschädigung von monatlich 2000 Mark", die ihnen vom 9. November 1918 an monatlich im

Wilhelmstraße" bezeichnet hat. Er war vor dem Ausscheiden der dreiköpfigen USPD-Hälfte einer der Kopfteile, und bildete danach mit Ebert zusammen eine Art "Doppelkopf"-Exekutive. Scheidemann übernahm zuerst das Pressereferat, danach den Bereich der Auswärtigen Politik. Abends wurde im Zirkus Busch ein Vollzugsorgan des Arbeiter-und Soldatenrats gewählt, der den eingesetzten Rat der Volksbeauftragten bestätigte.

Achtundvierzig Stunden im Amt, erließ das fleißige Kabinett am 12. November den ersten demokratischen Aufruf mit Gesetzeskraft an das deutsche Volk, der hier in wesentlichen Teilen wiedergegeben wird:

1. Der Belagerungszustand wird aufgehoben.
2. Das Vereins- und Versammlungsrecht unterliegt keiner Beschränkung.
3. Eine Zensur findet nicht statt.
4. Meinungsäußerung ist frei.
5. Die Freiheit der Religionsausübung wird gewährleistet.
6. [Es] wird Amnestie gewährt.
8. Die Gesindeordnungen werden außer Kraft gesetzt.
9. Die Arbeiterschutzbestimmungen werden wieder in Kraft gesetzt.

Eine Verordnung über die Unterstützung von Erwerbslosen ist fertiggestellt. Sie verteilt die Lasten auf Reich, Staat und Gemeinde. Die Wohnungsnot wird bekämpft werden.

Die Regierung wird die geordnete Produktion aufrechterhalten, das Eigentum gegen Eingriffe Privater schützen.

Alle Wahlen zu öffentlichen Körperschaften sind fortan nach dem gleichen, direkten, allgemeinen Wahlrecht für alle zwanzig Jahre alten männlichen und weiblichen Personen zu vollziehen. Auch für die Zusammensetzung der konstituierenden Versammlung gilt dieses Wahlrecht.

Dem Leser wird die schlichte Würde und die Verständlichkeit dieser Verordnungssprache unmittelbar einleuchten. Zwar konnte die Sicherung der gesamten Grundrechte noch nicht garantiert, geschweige denn überall durchgesetzt werden, wohl aber enthält dieser Aufruf als Präambel des Zukünftigen die Keimzelle einer Verfassung, die sich das Volk zu geben anschickte. Um was Jahrzehnte vergeblich gekämpft worden war, wurde hier in kürzester Zeit vollzogen.

---

voraus zu zahlen" ist. Ebert macht diese Anweisung am 29. Nov. 1918. Alle Volksbeauftragten bis auf einen nehmen diese "Entschädigung" an.
(S. 3:) "Reichshauptkasse ist kurzer Hand mitgeteilt, daß d. V.B. Scheidemann die Aufwandsentschädigung abgelehnt hat."
Das sagt meines Erachtens viel über den lauteren Charakter Scheidemanns aus. Daß er nicht davor zurückschreckte, sich bei seinen Kollegen-Volksbeauftragten unbeliebt zu machen, geht aus seiner (auf S. 9) festgehaltenen Verfügung hervor: "daß Landsberg, Wissell und Noske den "für den Rest des Monats [Februar] überhobenen Betrages von je 1142,86 M" rückzuerstatten hätten.

Mehrere Strömungen vermengen sich in diesem Dokument: das Scheidemannsche Pathos, "den Hoffnungen der leidenden Massen glaubwürdigen Ausdruck zu verleihen" (Matthias), die Landsbergsche juristische Eigenwilligkeit, Eberts taktische Umsicht und etwas vom Gerechtigkeitssinn des "selbstlosen" Haase. In der großen Unruhe, die den Reichstag umgab und die in Berlin kochte, formten diese Männer in aller Besonnenheit und fast gelassener kameradschaftlicher Atmosphäre eine Geschäftsordnung und, aus Gründen der Arbeitsteilung, drei Ausschüsse. In ihnen wurde emsig gearbeitet. Diese Zielstrebigkeit wurde durch das Verbleiben von fachlich qualifizierten Ministerialbeamten, die man heute modisch als Seilschaften bezeichnen könnte, gewährleistet. Trotz Schüssen aus Gräben und Barrikaden wurden in den ministeriellen Querverbindungen zwischen Räten und Geheimräten vom 12. November von Berlin aus, bis zum 8. Februar 1919 von Weimar aus Erlasse am laufenden Band erarbeitet und herausgegeben. Diese suchten die dringendsten Bedürfnisse der Bevölkerung zu befriedigen.

Der Haushaltsausschuß einigte sich auf neunundvierzig, der Ausschuß für Volkswirtschaft auf fünfunddreißig und der Ausschuß für soziale Angelegenheiten auf vierzig Erlasse, die Gesetzeskraft erlangten. In knapp drei Monaten erging praktisch jeden Tag ein neuer Erlaß, der meist im Reichsgesetzblatt, seltener im Reichsanzeiger und neunmal im Armeeverordnungsblatt stand. Diese Dekrete konnten sowohl im Namen der Reichsregierung oder namens des Rates der Volksbeauftragten erlassen werden, je nachdem, wer an ihnen federführend mitgearbeitet hatte. Miller und Potthoff haben die Anwesenheitszahlen 1969 genau aufgelistet. Danach beträgt die Anwesenheitsquote Scheidemanns bei Kabinettssitzungen 93 %. Bei 40 % der bekannten Sitzungen hat er das Wort ergriffen. Es kann also nicht länger behauptet werden, daß er sich während dieser Phase nur im Hintergrund gehalten hätte. Obwohl die Aufgaben laut Geschäftsordnung nach Arbeitsgebieten ressortmäßig aufgeteilt waren und jedes Mitglied der Reichsregierung unterzeichnen durfte, sollte der allgemeine Schriftverkehr über die Kanzlei laufen und dabei den Schreibtisch des Unterstaatssekretärs Curt Baake passieren. Die alten Staatssekretariate erledigten durch diese zweigleisige Regierungsweise weiterhin ihre bürokratische Routine.

Die größte Verwirrung herrschte auf dem Gebiet der Militärpolitik. Wie sollte man mit dem Kriegsministerium, der OHL und dem Reichsmarineamt verfahren, wie sollte sich die Waffenstillstandskommission in Compiègne ohne ein Sondertelefon rasch verständigen können, so daß sie taktisch flexibel auf alliierte "Zumutungen" reagieren konnte? Obwohl die Ressortchefs verfassungsrechtlich ihre alten Stellungen eingebüßt hatten, blieb ihr großer Einfluß auf die sie kontrollierenden Volksbeauftragten erhalten, weil nicht immer klar wurde, wer wen überwachte. Erzberger hatte seinen Weg nach Compiègne über das belgische Spa nehmen müssen, wo er als verantwortlicher Reichspolitiker von der OHL die unmißverständliche Instruktion erhielt zu unterzeichnen! Wilsons vierte Note, daß eine beglaubigte deutsche Delegation im Namen aller Alliierten von Foch empfangen werden würde und daß immerhin zwölf der vierzehn Punkte Geschäftsgrundlage[47] für einen "Rechtsfrieden" werden sollten, traf gerade noch vor seiner Abreise in Berlin ein. Seine Beglaubigung reichte ihm das Auswärtige Amt in den schon abfahrbereiten Sonderzug nach. So konnte eine vorherige Prestigeeinbuße der deutschen Verhandlungsseite in letzter Minute verhindert werden. Erzberger traf als noch kaiserlicher Staatssekretär-Parlamentär in Frankreich ein und reiste als volksbeauftragter Agent wieder ab. So hatten seine Vollmachten in der Zwischenzeit eher an Wert abgenommen. Er traf auf der Rückfahrt über Belgien wieder im Hauptquartier ein und wurde von Feldmarschall Hindenburg belobigt. Die Dolchstoßlegende war noch nicht in die Welt gesetzt worden. Es hatte in Wahrheit gar keine Verhandlungen gegeben, sondern nur die Entgegennahme von Bedingungen, so als wäre Erzberger gegenüber Marschall Foch ein feindlicher Offizier. Die schweren Bedingungen sollten das volkswirtschaftliche Chaos vollenden: Innerhalb von zwei Wochen mußten 5.000 Lokomotiven, 150.000 Eisenbahnwagons und 10.000 Lastwagen [später auf 5.000 halbiert] abgeliefert werden. Gleichzeitig sollten die besetzten Gebiete im Westen und Osten geräumt werden. Die Fahrzeuge sollten also entweder leer oder mit alliierten Kriegsgefangenen beladen nach Westen fahren und die Armeen zu Fuß nach Osten marschieren. Auf den Friedensvertrag von Brest-Litowsk mußte verzichtet werden. Die alliierte Einfuhrblockade nach Deutschland sollte auch für Lebensmittellieferungen nicht gelockert werden. Sonderbestimmungen über Lockerungen wurden in Aussicht gestellt, aber dann doch nicht angeboten. Es ging der

---

[47] Ein gemeinsamer Entwurf der Staatssekretäre Erzberger und Scheidemann (mit handschriftlichen Verkürzungen und Umstellungen Sch.s), der freilich kein Datum trägt, findet sich als Antwort auf eine der Noten Präsident Wilsons in ZPA II/145/ 8 S. 79.

deutschen Delegation vor allem um eine Verlängerung der Fristen der Einhaltung solcher Bedingungen, um zu verhindern, daß Millionen von Soldaten wegen Transportschwierigkeiten noch in letzter Minute in Kriegsgefangenschaft gerieten. Erzberger erreichte durch seine Unterzeichnung eine Verlängerung der Annahmefrist. Für einen zivilen Nicht-Diplomaten hatte er das Menschenmögliche erreicht. Es hatte sich bei den Alliierten in Compiègne nicht die Erwägung durchgesetzt, "mit einem nur geschwächten, aber friedenswilligen Deutschland ... Verhandlungen... auf[zu]nehmen, sondern die immer noch starken deutschen Streitkräfte zur Kapitulation [zu] zwingen"[48]. Die viel wichtigere Frage der Zukunft lautete: Würden die Alliierten die deutsche Revolution als Ablenkungsmanöver mit Täuschungsabsichten ansehen oder als Friedensvoraussetzung und Ansatz zu einer legitimen neuen Politik? Sollten etwaige Lebensmittellieferungen davon abhängen, ob Ruhe und Ordnung aufrecht erhalten blieben, oder, deutlicher gesagt, ob keine wirkliche (bleibende) Revolution stattgefunden hatte?

Wegen der starken Interessengegensätze unter den alliierten Regierungen mußte das Waffenstillstandsabkommen mehrfach verlängert werden. Würde sich in diesem Intervall die Staatsvorstellung, die der MSPD vorschwebte, durchsetzen und in die eines Volksstaates verwandeln können? Das war nur durch präzise juristische Verankerung des Erreichten möglich. Statt den alten, 1912 gewählten Reichstag einzuberufen, mußte eilends eine neue Verfassung geschaffen werden. Der führende liberale Verfassungsjurist Hugo Preuß aus Berlin konnte bereits am 15. November für diese Entwurfsarbeit gewonnen, und am selben Tag zum Staatssekretär des Inneren ernannt werden, da man hoffte, dies würde seiner Arbeit eine höhere Legitimität verleihen.

Die Niederlage außerhalb der Grenzen des Reiches mochte die Alliierten über die Folgen des Krieges, wie sie von den geschlagenen Deutschen im Lande aufgenommen würden, getäuscht haben. Die Wirtschaftskraft lag am Boden. Eine im In- und Ausland glaubhafte Volksherrschaft der Beauftragten mußte von ihnen erst "eingeübt" werden. Der Rücktritt der deutschen Fürsten gab den partikularistischen Tendenzen mächtigen Auftrieb. Und doch blieb im Herzen der nun "regierenden" Sozialdemokraten der alte Traum der lange ersehnten Volksherrschaft erhalten.

---

[48] L. Haupts, Deusche Friedenspolitik 1918-19.

Welches Amt sollte die Spitze der Reichsregierung bilden, wenn nicht ein verfassungsmäßig gestärkter Präsident? Hugo Preuß, der sich mit dem führenden Soziologen Max Weber darüber beriet, kam für seinen Verfassungsentwurf zu der Einsicht, daß das Oberhaupt des neuen Staates ein "plebiszitärer Diktator der Massen" zu sein habe, der imstande sein sollte, als "Gegengewicht zum Parlament zu wirken". In den unruhigen Notzeiten der Jahreswende 1918/19 mußte ein vom Volke gewähltes Oberhaupt mit Vollmachten ausgestattet werden, das berechtigt sein sollte, den Reichstag beim "Impasse" notfalls aufzulösen und Neuwahlen anzusetzen. Es sollte ebenfalls das Recht haben, ein einmal beschlossenes Gesetz zum Volksentscheid zu bringen und im Notstandsfall beinahe diktatorische Macht auszuüben. Wie vertrug sich eine solche Konstruktion mit der Idee der Gewaltenteilung, den Befugnissen der Regierung und des Parlaments? Es mußte ein Reichskanzler dagegen gesetzt werden, dessen Gegenzeichnungsbefugnis diese Konstruktion "milderte". Wo sollte jedoch das Vertrauen des Reichstags, wenn es denn anwüchse, herkommen, wenn sich keine klaren Abstimmungsverhältnisse bei den Wahlen herausbilden sollten?

Zwar würde die Präambel in einigen Monaten "Einigkeit der deutschen Stämme" voraussetzen, aber die Stellung der Länder, also auch Preußens, hatte an Gewicht verloren. Durch seinen Ausruf vom Reichstag, dem gebliebenen symbolträchtigen Ort, hatte Scheidemann immerhin die Unumkehrbarkeit der einmal entstandenen "Nicht-Monarchie" erreicht. Die allgemeine Akklamation des Volkes hatte sichergestellt, daß der Ansatz der neuen Verfassung, an der jetzt gearbeitet wurde, zu lauten hätte: "Das Deutsche Reich ist eine Republik". Ironischerweise wurde der zweite Satz der geschriebenen Verfassung Jahrzehnte später, während der SED-Zeit, über das Portal des Gebäudes gesetzt, in dem heute die Brandenburgische Landesregierung ihren Sitz hat: "Die (statt Alle[49]) Staatsgewalt geht vom Volke aus". Man würde es der später "Weimarer" genannten Reichsverfassung kaum ansehen, daß sie in einer eiligen Depressionszeit geschrieben werden mußte. Es gereicht sogar zur Ehre ihrer Verfasser, daß diese Verfassung als solider Text formell auch durch das Ermächtigungsgesetz Hitlers nicht aufgehoben worden ist.

Wegen der allgemeinen Not mußte ein Gefühl die Verfassungsschöpfer von Anfang 1919

---

[49] Nach Art. 20,2 Grundgesetz und 3,1 der ehem. DDR-Verfassung.

bedrücken, nämlich in ihren Grundrechtsvorstellungen gefesselt zu sein, so lange sich nicht verdeutlicht hatte, ob der Wilson-Frieden in eine gemäßigte Richtung als Selbstbestimmungsrecht oder in eine strengere Richtung strafend als Überordnungsrecht ausschlagen würde.

Die Reichsverfassung verteilt die Machtverhältnisse etwa, aber nicht ganz so, wie es sich Ebert und Scheidemann in jener Notzeit vorgestellt hatten. Die bestehende "Verfassungswirklichkeit" vertrug keine ideale Gewaltenteilung. Aus der Warte von 1919 kann von verspielter Freiheit oder gar Selbstpreisgabe überhaupt keine Rede sein. Solche Vorwürfe verkennen die damals gegebenen Entfaltungsmöglichkeiten der Volksbeauftragung und einer Verfassungsschöpfung, die für das ganze Volk repräsentativ sein würde.

Die Forschung der achtziger Jahre hat an der SPD von 1919 den fehlenden "Willen zur Macht" kritisiert. Konnte eine derartige Übermenschlichkeit erwartet werden, als die Chance bestand, die Entscheidung der Konstituante gesetzgeberisch vorwegzunehmen und die "soziale Republik" zu oktroyieren? Es konnte doch nicht mehr als eine steuernde Kraft von den Verfassungsvorschriften ausgehen. Mit einem totalen Machtverfall und einem Exekutivvakuum konfrontiert, konnten die Stifter dieser Verfassung das Datum für die Wahl zur Nationalversammlung nicht eher als auf den 19. Januar 1919, und den Termin für die Konstituierung der gewählten Abgeordneten schon auf den 6. Februar festlegen. Obwohl in Berlin bürgerkriegsähnliche Verhältnisse herrschten, verlangte die USPD, daß bis zur Heimführung der kriegsgefangenen Soldaten gewartet werden müsse, damit diese nicht um ihr Wahlrecht betrogen würden! Der Arbeiter-und Soldatenrats-Kongreß beschloß indes "mit erdrückender Mehrheit" die Bestimmung dieser Daten als feste Termine. Sogar während der Weihnachtstage 1918 gab es viele Tote auf den Berliner Straßen, es herrschte also die akute Gefahr einer Bürgerkriegsausbreitung. Da die Unabhängigen Sozialdemokraten die Verantwortung hierfür nicht übernehmen konnten, traten sie geschlossen aus der Regierung der Volksbeauftragten aus, und wurden durch drei MSPD-Mitglieder, u.a. Gustav Noske, der in Kiel "durchgegriffen" hatte, ersetzt. Daraufhin wurde in Bremen, in Leipzig und im Ruhrgebiet geputscht. Noske und Scheidemann marschierten mutig gemeinsam mit ihrer Schutztruppe von der Schöneberger Hauptstraße bis zum Potsdamer Platz. Die große Mehrheit, die vom undurchsichtigen Straßenterror, der in Berlin herrschte, empört war, begrüßte das Erscheinen dieser Ordnungstruppe auf den Straßen der Hauptstadt. Nach etlichen politischen Morden wollten Ebert und Noske, da die Sicherheit einer Konstituante in Berlin offenbar nicht garantiert werden konnte, die Nationalversammlung nach Weimar einberufen. Die Wahl fiel wegen der Symbolik auf das Gebäude des Deutschen Nationaltheaters hinter dem Schiller-Goethe-Denkmal.

Die Meldung, daß Rosa Luxemburg und Karl Liebknecht in Berlin von Rechtsradikalen ermordet worden waren, erreichte Scheidemann, der mit Ludendorffs Nachfolger, General Wilhelm Groener, in Kassel konferierte und Wahlkampf führte, per Telefon. Er eilte auf Eberts Bitte in einem Sonderzug nach Berlin zurück. Wegen dieser Rechtsbeugungen sollten jedoch die Wahlen nicht verschoben werden. Am 26. Jan. 1919 schreibt der Vater seinen Kindern:

"Die Tragödie Liebknecht-Luxemburg ist sehr schlimm. Wir haben den dringenden Wunsch, daß die rätselhafte Sache restlos aufgeklärt wird. Das Verschwinden der Luxemburg ist so mysteriös, daß ich nicht die Annahme gänzlich von der Hand weisen möchte, daß Rosa gar nicht tot ist, vielmehr eines Tages irgendwo auftauchen wird. Von Anfang Februar an siedeln wir mit der Regierung nach Weimar über, wo die Nationalversammlung stattfindet. Ich möchte lieber heute als morgen aus der Regierung heraus."[50]

Kurz vor dem Umzug nach Weimar hatten Scheidemann und Ebert eine Unterredung über eine Ämterverteilung, falls die Wahlen, wie sie zuversichtlich annahmen, für die MSPD günstig ausfielen. Plötzlich klafften ihre Meinungen weit auseinander. Scheidemann gab zu erkennen, daß er willens wäre, unter Umständen als Minister in einem Kabinett Ebert mitzuarbeiten. Ebert hingegen gab zu verstehen, daß "das Repräsentative" ihm mehr läge. Dann ließ er zu Scheidemanns Verblüffung durchblicken, daß er das Amt des Reichspräsidenten anstrebe. Scheidemanns Bedenken, daß dieses Amt doch überparteilich ausgeübt werden müsse, teilte Ebert durchaus nicht[51]. Aus der späteren Sicht von 1927/28 gesteht Scheidemann ein, Ebert habe "über die Seßhaftigkeit und Machtfülle eines Reichspräsidenten im Gegensatz zum Reichskanzler die bessere Voraussicht gehabt." Nach Scheidemanns Urteil haben die Volksbeauftragten unter den schwierigsten Umständen drei Aufgaben bewältigt:

"1. sie haben das Reich vor dem Auseinanderfall bewahrt ...;
2. sie haben Deutschland vor dem Bolschewismus behütet;

---

[50] Handschriftlicher Brief erhalten im PPS.
[51] Scheidemann, Memoiren, II. Band S. 354f.

3. sie haben die Nationalversammlung vorbereitet und zustande gebracht."
Allen drei Punkten kann siebzig Jahre später voll zugestimmt werden. Die Wahlen zur Nationalversammlung brachten insofern ein überraschendes Ergebnis, als die MSPD nur ebenso viele Stimmen und Sitze eroberte wie das Zentrum und die Demokraten zusammen. Scheidemann wurde zweimal, in Berlin und im Wahlkreis Hessen-Nassau, gewählt. Er nahm nicht das Berliner, sondern das Kasseler Mandat an. Damit waren die Weichen richtig gestellt.

2.6 Reichsministerpräsident

Die nach dem Verhältniswahlrecht gewählte Nationalversammlung wurde nach Weimar einberufen und tagte dort mehrere Monate. Sie beschloß zunächst eine provisorische Verfassung in Form des Gesetzes über die vorläufige Reichsgewalt. Die Koalitionsverhandlungen zwischen der MSPD, der Deutschen Demokratischen Partei, vertreten durch Otto Fischbeck, und dem Zentrum, geleitet von Erzberger, schritten zügig voran. Eigentlich vertraten die Sozialisten andere wirtschaftspolitische Vorstellungen als die katholischen Zentrumspolitiker. Diese dachten vor allem an den Schutz des Privateigentums und an eine "vernünftige" Wirtschaftspolitik, jene an den Schutz vor Übergriffen des Privateigentums und an eine "tiefgreifende" sozial ausgerichtete Wirtschaftsreform mit gezielten Verstaatlichungen.

Die Wahl Eberts zum Reichspräsidenten erfolgte mit 297 von 379 Stimmen. Da bei den Vorverhandlungen weitgehende Einigkeit über die Ressortverteilung erzielt worden war, kam es nur bei der Wahl des Präsidenten der Nationalversammlung zum Streit. Das drittwichtigste Amt im Staat konnte, wie Scheidemann es vorausgesehen hatte, nicht für die SPD gewonnen werden, sondern mußte nach Eduard Davids kurzem Zwischenspiel Constantin Fehrenbach vom Zentrum überlassen werden.

Die Wahl Scheidemanns verlief unangefochten, ja wegen seines Ranges und Prestiges als Fraktions- und Parteivorsitzender wie selbstverständlich. Der Herausgeber der Akten des Kabinetts Scheidemann fand darin keinen Fingerzeig über vermutete Auseinandersetzungen. Scheidemann wurde mit 78% der abgegebenen Stimmen zum "Reichsministerpräsidenten" gewählt. Der Entwurf seiner Ernennungsurkunde und die

Urkunde selbst und Protokollbruchstücke haben sich erhalten[52].
Wir kennen die Mitglieder des Kabinetts Scheidemann als ehemalige Staatssekretäre bzw. Volksbeauftragte aus den vorher dargestellten politischen Phasen. Minister des Äußeren wurde der Berufsdiplomat und ehemalige deutsche Botschafter in Kopenhagen, Ulrich Graf Brockdorff-Rantzau, vorher bereits Staatssekretär, der der DDP zugerechnet wurde, obwohl er ihr nicht angehörte; Minister des Innern wurde der bisherige Staatssekretär Preuß, der sich wegen seiner Arbeit an Verfassungsentwürfen im Kabinett laufend vertreten ließ; Reichsminister (RM) ohne Portefeuille: Matthias Erzberger und Dr. Eduard David; RM für Arbeit: Gustav Bauer; für Wirtschaft: Rudolf Wissell; für Ernährung der Gewerkschafter Robert Schmidt; Justiz: Otto Landsberg; Reichswehrminister: Noske; zum RM für Finanzen wurde Eugen Schiffer, vorher Staatssekretär des Reichsschatzamts, ernannt; Kolonien: Johannes Bell (Zentrum); Post: Joh. Giesberts (Zentrum). Zum neuen Amtsinhaber des Schatzministeriums wurde der Staatssekretär ohne Portefeuille Dr. Georg Gothein, DDP (ein liberaler Marktwirtschaftsvertreter). Scheidemann war in seiner Auswahl, der ein Proporz zugrundeliegt, an das Wahlergebnis gebunden. In seinem Kabinett gehörten sieben Minister der MSPD, je drei dem Zentrum und der DDP an, außerdem der parteiunabhängige Graf Brockdorff. Es bestand daher in etwa ein Gleichgewicht zwischen den sozialistischen und den bürgerlichen Kabinettsmitgliedern. Der Stimmenanteil der sozialistischen Parteien war eben unerwartet niedrig ausgefallen, und dem mußte bei dieser Regierungsbildung Rechnung getragen werden. Sieben Kabinettsmitglieder hatten als Staats- oder Unterstaatssekretäre Verwaltungserfahrung gesammelt. So handelte es sich um ein eingeübtes, handlungsfähiges Team.
Wie sehr dem Reichspräsidenten "das Repräsentative lag", ergibt sich aus dem amtlichen Schreiben[53] an den Ministerpräsidenten, in dem er für "freie Dienstwohnung mit Geräteausstattung" in "Geschäfts- und Wohnräumen" die "sächliche" Ausgabe von

---

[52] Nr. 26/ S. 6V RP 192; s. auch Dokumentation. Was die Transkription dieser Vorgänge angeht, so verrät ZPA II 145/8 Lücken. Spuren von Zusammenfassungen der Reichstagsfraktionssitzungen der SPD vom 5. Febr. 1918, von Oktober 1918 und Februar 1919 sind getilgt worden. Ferner liegt ein Bruch in der Überlieferung zwischen dem 18. 5. - 17. 6. 1919 vor. Die Rückseiten der oben angegebenen Berliner Akte verraten m. E. Spätdatierungen auf Reichstagskopfbögen, nämlich "Berlin NW 7, den 192 ", (d.h. von 1920f.). Da auch für das Datum vom 20. 2. 1919 ein Hinweis auf Scheidemanns Wahl zum Ministerpräsidenten fehlt, wird es sich hier um nachträgliche Zusammenfassungen fremder Hand handeln.
[53] Az f 149z v. 26. 2. 19, PPS.

100.000 M, und als "einmalige und außerordentliche" Ausgabe für räumliche "Repräsentation" 800.000 M zu Scheidemanns Gegenzeichnung einsetzte. Ohne zu zögern wollte Ebert sich schon im Frühjahr 1919 ein "Präsidialkabinett" im Palais August Wilhelm, Wilhelmstr. 72, aufbauen. Scheidemann wies diesen Antrag, wie er in seiner nachgelassenen Ergänzungsschrift schreibt, postwendend zurück.

Als das Hauptfeld zukünftiger Auseinandersetzungen sollte sich die Reibung zwischen Verständigungs- und Diktatfrieden erweisen. Als Kabinettschef mußte Scheidemann so gut es ging lavieren, weil das vorläufige Reichsgewaltgesetz "kurz und dunkel" gehalten war. Die Reichsminister bedurften zu ihrer Amtsführung des Vertrauens der Nationalversammlung. Dieses wiederum war nicht ein für allemal meßbar, sondern schwankte je nach Sachfrage. Der Ministerpräsident bestimmte nicht, wie noch im Entwurfsstadium vorgesehen, eigenständig die Richtlinien der Politik, sondern war auf einen Kollegialkonsens angewiesen. Das verlieh den Fachministern ein hohes Maß an Eigenverantwortung und der Reichskanzlei als Koordinationsbehörde größeres Gewicht. Namens der Regierung "Ordnung zu schaffen" hieß vielerlei gleichzeitig: Lebensmittelverteilung an die hungernde Bevölkerung, Bürgerkriegseindämmung (vor allem im Ruhrgebiet), Verhinderung von Separatismustendenzen, Streikauflösung, Übernahme der Eisenbahnen durch das Reich, aber vor allem eine Liquidierung des Krieges, ohne die das Kabinett scheitern mußte.

Schon am 20. Jan. 1919 konnte Hugo Preuß seiner Regierung eine Denkschrift zur entstehenden Verfassung vorlegen. Die wesentlichen Grundgedanken enthalten "Forderungen" für die Regierung der Länder:

1. Formal bleibt der Bundesstaat bestehen; 2. sollen die Länder Selbstverwaltungskörper statt Staaten werden und auf der Volkssouveränität ruhen; 3. muß der Einfluß der Landesregierungen, und besonders Preußens, auf Exekutive und Legislative des Reiches eingeschränkt werden; und 4. sollte zwischen den Ländern ein wirtschaftlich ausgeglichenes Größenverhältnis hergestellt werden.

Diese Vorschläge stießen im "Staatenausschuß" auf Widerspruch. Es wurde deshalb auch der zweite, sog. "Preußische" Entwurf besonders von den süddeutschen Ländervertretern abgelehnt. So wurde schließlich im letztgültigen Verfassungstext die geplante Neugliederung der Länder des Reiches aufgegeben. An die Stelle des "Staatenausschusses" trat der Reichsrat, der sich als Institution an den Bismarckschen Bundesrat anlehnte. Er sollte eine eingeschränkt föderative Wirkung ausüben.

Scheidemann begrüßte diese Verfassung und hielt sie später für die "freiheitlichste der Welt ...". Ein Volk wie das deutsche müsse es jedoch erst lernen, nach dieser Richtschnur "in Freiheit zu leben". Hatte schon Ebert in seiner Eröffnungsansprache betont: "Das deutsche Volk ist frei, bleibt frei und regiert in alle Zukunft sich selbst", so verdient die Rede, mit der sich der Ministerpräsident der Nationalversammlung vorstellte, besondere Aufmerksamkeit:

"Das erste Wort der ersten verantwortlichen Regierung der Deutschen Republik muß ein Bekenntnis zu dem Gedanken der Volksherrschaft, den diese Versammlung verkörpert, sein. Aus der Revolution geboren, ist es ihr Beruf, das geistige Gut der Revolution vor Verschleuderung zu bewahren und zum dauernden Besitz des ganzen Volkes zu machen."

Etwa 75 Kabinettssitzungen fanden zuerst im Schloß, später im Nationaltheater statt. Wegen des großen Erfolgsdrucks konnten nur die dringendsten Staats- und Regierungsprobleme behandelt werden. Offenbar hat sich Scheidemann, nach den unvollständigen Protokollen zu urteilen, als Vorsitzender sehr zurückgehalten und nicht als Vordenker ständig das Wort ergriffen. Er griff selten in die Diskussionen ein, aber lenkte sie, wie vor ihm Prinz Max, souverän.

Bereits Anfang März erhält das Kabinett Berichte über die Arbeit der Ständigen Waffenstillstandskommission in Spa. Erzberger hatte auch hier den Vorsitz auf der deutschen Seite übernehmen müssen. Das größte, von den Alliierten absichtlich geschaffene Kommunikationsproblem bestand darin, daß man mit der deutschen Seite gar nicht mündlich verhandeln wollte, sondern auf Notenwechseln bestand wie dereinst beim Westfälischen Friedenskongreß von 1645-48. Es ging dabei im Wesentlichen um die Bedingungen, unter denen (mehrfach) eine Verlängerung des Waffenstillstands gewährt werden würde. Es spielte sich ein gleichförmiges Verfahren ein, das praktisch immer wieder in den Bescheid mündete: "Die deutsche Bitte läßt keine Antwort zu." Andererseits wurden die Ablieferungsforderungen sogar noch verschärft: die abzuliefernden deutschen Maschinen mußten mit deutschem Fahrpersonal erstellt werden. Zur Sicherstellung solcher Forderungen waren die Gegner in das Rheinland eingerückt und riegelten es vom übrigen Reich postalisch und güterverkehrsmäßig hermetisch ab.

Es lag in der Absicht der siegreichen Mächte, besonders Deutschland so drakonisch wie möglich zu bestrafen, weil sie in ihm (so in der Mantelnote vom 16. Juni auch ausdrücklich formuliert) die alleinschuldige Macht am Ersten Weltkrieg sahen. Immer wenn der Vergeltungswille der britischen Delegierten nachzulassen schien, ermahnte die Daily Mail ihre Leser täglich mit dem eingerahmten Spruch, "Die Hunnen werden euch doch noch betrügen" auf der Titelseite. Der britische Premierminister David Lloyd George hatte sich vorgenommen, die deutsche "Beuteorange auszuzupressen, bis die Kerne quietschen". Das Deutsche Reich von 1919, obwohl es inzwischen revolutionär-demokratisch geworden war, wurde als staatliches Kontinuum für alleinkriegsverantwortlich erklärt. Entsprechend wurde die in Art. 1 des Friedensvertrags wie in einer poetischen Präambel verheißene Aufnahme in den Völkerbund der zivilisierten Nationen Deutschland vor 1926 verwehrt.

Der Versailler Vertrag mit seinen 440 Artikeln ist trotz seiner euphemistischen Formulierungen ein derart niederschmetterndes Dokument, daß man es auch heute nach 74 Jahren nur mit Erstaunen lesen kann. Es zerstückelt mit geradezu buchhalterischer Genauigkeit, die der langwierigen Arbeit von über fünfzig Sonderausschüssen zu verdanken ist, die Grenzterritorien, die Wirtschaftskraft und die demokratischen Ansätze in Deutschland, das bis vor kurzem fürstlich-spätabsolutistisch regiert worden war. Insofern leistete dieses Oktroi dem bereits in der Anfangsphase einsetzenden politischen Verfall Rumpfdeutschlands kräftig Vorschub. Es sollte etwa 10 % des Reichsgebietes abgetreten werden, und zwar weitgehend ohne Rekurs auf das verheißene Selbstbestimmungsrecht der 14 Punkte Präsident Wilsons. Es konnte gar kein Frieden eintreten, sondern es herrschte Vergeltung. Die innere Homogenität der Völkergemeinschaft ging durch dieses Diktat eines, wie man sagen könnte, "Friedensstillstands" vorübergehend fast völlig verloren.

Scheidemann hatte sich den Frieden in seiner Regierungserklärung wie ein naiver Revolutionär anders vorgestellt:

"Der Frieden, den abzuschließen, die schwere Aufgabe dieser Regierung ist, soll kein Frieden werden von jener Art, wie ihn die Geschichte kennt, keine mit neuen Kriegsvorbereitungen ausgefüllte Ermattungspause eines ewigen Kriegszustandes der Völker, sondern er soll das harmonische Zusammenleben aller zivilisierten Völker begründen auf dem Boden einer Weltverfassung, die allen gleiche Rechte verleiht. ... Ein niedergetretenes, gedemütigtes, ewig hungerndes Deutschland wäre für alle Völker der Welt ein Unglück und eine Gefahr ...".

Es ist hier nicht der Ort, die Problematik von Versailles in allen ihren Aspekten darzustellen. Für Scheidemann jedenfalls stellte es sich im Laufe der bangen nächsten

drei Monate seiner Amtszeit deutlich heraus, daß die schriftliche Demütigung von Versailles das Elend des deutschen Volkes vergrößern mußte und auch sollte, um die Vergeltung spürbar zu machen. Am 7. Mai wurde das Dokument überreicht. Scheidemann brauchte die öffentliche Diskussion, um sich über die ablehnende Haltung seiner Regierung schlüssig zu werden. Zur 39. Sitzung traf sich die Nationalversammlung in der Berliner Universitäts-Aula. Scheidemann sagte dort u.a.:
"Wir jagen keinen nationalistischen Traumbildern nach... Das Leben, das nackte, arme Leben müssen wir für Land und Volk retten, heute, wo jeder die erdrosselnde Hand an der Gurgel fühlt." (Dann klopfte er mit seiner rechten Hand auf das Diktatbuch): "dies Buch darf nicht zum Gesetzbuch der Zukunft werden!" ...
"Ich frage Sie, wer kann als ehrlicher, vertragstreuer Mann solche Bedingungen eingehen? Welche Hand müßte nicht verdorren, die sich und uns in solche Fesseln legt? - Dieser Vertrag ist nach Auffassung der Reichsregierung unannehmbar." (Minutenlanger brausender Beifall im Hause und auf den Tribünen. Die Versammlung erhebt sich).

So aufgebracht reagierte der amtierende deutsche Reichskanzler! Hatte er doch sein ganzes politisches Berufsleben für die Gerechtigkeit und die Gleichberechtigung gekämpft. Und nun dies! Er fürchtete mit Recht, daß dieser Vertrag nicht eingehalten werden würde. Der Reichsaußenminister und der Kabinettsjurist Dr. Landsberg standen zwar noch auf Scheidemanns ablehnender Seite, aber unterzeichneten am 28. Juni dann doch, im Gegensatz zu Erzberger, der zur Unterschrift riet, nicht aber selbst unterzeichnete. Der deutsche Außenminister ließ nach der Legende vor dem Tribunal der Sieger seinen Handschuh den Namen "Graf von Brockdorff-Rantzau" schreiben, um "die Scham" der Unterschriftshand "zu schonen"[54]. Die Handschuhe wurden danach wie Fehdezeichen auf dem Unterschriftstisch liegengelassen. Solche legendären Überbleibsel aus der Feudalwelt lassen tief blicken und verraten die Hilflosigkeit der geschlagenen Nation in ihrem ohnmächtigen Auftritt.
Denn in der letzten alliierten Mantelnote, die die Regierung Scheidemann empfangen hatte, waren ohnehin alle deutschen Gegenvorschläge unter Hinweis auf die Kriegsschuld zurückgewiesen und ultimativ die Unterzeichnung binnen fünf Tagen gefordert worden.

---

[54] Wiedergabe dieser von einem Wunschdenken geprägten Szene bei Leo Haupts. Brockdorff-Rantzau. Göttingen 1984 S. 70.

Anfang Juni hatte der Ministerpräsident im Kabinett festgestellt, daß sich bei dem Einmarsch der fremden Truppen in Richtung Westfalen, "das zerrissene Deutschland wieder zusammenfinden" wird. Bauer und Ebert glaubten, daß der Entente in diesem Falle eine Liquidationsregierung angeboten werden müsse. Die alliierten Unterhändler ließen durchsickern, daß bei Nichtunterzeichnung der Einmarsch unter "rücksichtsloser Anwendung aller modernen Zerstörungswerkzeuge" vor sich gehen werde. Am 17. Juni händigte die deutsche Friedensdelegation der Entente vergeblich die letzte Denkschrift zu den "endgültigen" Forderungen aus. Der Reichswehrminister machte noch in letzter Minute seine Kabinettskollegen darauf aufmerksam, daß die Friedensdelegation sich auf die Ablehnung dieses Friedens im Sinne des Ministerpräsidenten und des Außenministers festgelegt habe. Diese politische Linie hätte nur bei kabinettskollegialer Einstimmigkeit durchgehalten werden können. Der Wehrminister hielt das Volk für moralisch "verlumpt" und glaubte daher, daß ihm weitere Disziplinierung nicht abverlangt werden könne. Die Geschlossenheit begann unter dem Druck Erzbergers und Davids zu wanken und zu bröckeln. Der Ministerpräsident trat am 20. Juni 1919 aus Protest gegen den "Frieden von Versailles" zurück. Die Mehrheit seiner Fraktion unter der Führung Eberts war umgefallen und hatte sich der höheren Gewalt gefügt.
Bereits zwei Tage später konnte unter einem ad hoc von Eberts Gefolgsmann Gustav Bauer[55] gebildeten Kabinett der Nationalversammlung mit 237 : 138 Stimm (bei 8 Enthaltungen) die Zustimmung zur Unterschriftsleistung abgerungen werden. In Wirklichkeit herrschte im Lande eine Panikstimmung, die z.B. durch eine Zeile aus dem Titelblatt von "Der dada" gut illustriert wird: "... Deutschland müsse unterzeichnen, weil es nicht unterzeichnen nicht wird können." Diesen verzweifelt karikierenden Satz nimmt der Text am Ende wieder auf: "...daß Deutschland endgültig nicht unterzeichnet, blos um zu unterzeichnen."
Scheidemann hat in seinen Papieren ein Gedicht, das mit 1919 datiert ist und auch die Überschrift "1919" trägt, hinterlassen:

Als Alle brüllten: "<u>Unterschreiben!</u>"
Sprach ich entschlossen: <u>Nein</u>!
Man schrie: Dann könntest Du doch bleiben!
Drauf ich: <u>Mein Nein bleibt Nein</u>:

---

[55] Dieser war wie Ebert selbst aus der Gewerkschaft aufgestiegen und brachte also ein starkes Maß an Disziplin mit.

"Müßte nicht die Hand verdorren",
Die uns in solche Fesseln schlägt?
Wo lebt ein freies tapferes Volk,
Das solche Last und Schande trägt!

Seine innere Last hat er mit Hilfe der dichterischen Sprache zu erleichtern gesucht. Wie immer, wenn Scheidemann völlig erschöpft war, versuchte er sich anschließend beim Bergsteigen zu erholen. Ende Juni reiste er in die Schweiz und bestieg den Rigi in den Glarner Alpen. Nach dem Abstieg begann er als Gast seines Verlegers ein neues Werk und gab ihm den Titel "Der Zusammenbruch" (s. unten 3.2).

2.7 Oberbürgermeister von Kassel

Scheidemann trat in der zweiten Hälfte des Jahres 1919 stärker als Redner hervor, und legte dar, "warum er wieder als einfacher Mitkämpfer in Reih' und Glied seiner Genossen getreten" war, und sich veranlaßt sah, seine warnende Stimme zu erheben. Er machte monarchistischen Einwohnern Kassels (Rede vom 11. Sept. 1919) klar, warum Deutschland eine Republik bleiben müsse. Er warnte vor den Folgen einer offenen monarchistischen Propaganda, die oftmals mit Judenhetze verbunden war, welche schließlich eine gefährliche " ... Pogromstimmung erzeugt. Auch von links droht der Bürgerkrieg! Was die ... Kommunisten predigen, ... ist nicht Wissenschaft, sondern Aberglaube. ... Unser Ideal ist - das spreche ich wiederholt aus - die Einigung der Arbeiterklasse unter die Fahnen der Demokratie und des Sozialismus."

Am Ende des Monats verurteilt er in einer Rede scharf die Ermordung politisch Andersdenkender und schilderte die sich eröffnenden düsteren Perspektiven. In der Sitzung der Nationalversammlung vom 7. Okt. 1919 hatte sich der Abgeordnete Scheidemann, wie bei vielen parteiinternen Gelegenheiten zuvor, an die Parteidisziplin gehalten. Da die Unterzeichnung nun "ein weltgeschichtliches Faktum" sei, wäre es zwecklos, "gegen die Weltgeschichte" zu polemisieren. Aber:

"Ich bin der Meinung, daß, wer nicht imstande ist, seinen inneren Frieden mit der Republik zu machen, wer nicht bereit ist, die Republik gegen alle Angriffe, auch von rechts, zu schützen, nicht Soldat und nicht Offizier sein kann. (Sehr wahr! bei den

Mehrheitsparteien)."
Zwei ehemalige Offiziere hatten Erzberger erschossen. Die klassisch gewordene Kampfparole gibt Scheidemann in der gleichen Rede aus, in der er nachweist: "Monarchismus (d.h. Rechtsradikalismus) und Spartakismus (Linksradikalismus) brauchen einander! - In diesem Sinne rufe ich der Regierung zu: **Der Feind steht rechts!**"[56]
Beide Ansprachen wurden im Verlag für Sozialwissenschaften, Berlin, von Dr. A. Helphand-Parvus gedruckt und 1919 rasch verbreitet. Scheidemann trat wegen Unstimmigkeiten mit Ebert über die politische Richtung der Fraktion, der solche Äußerungen gerne vorher abgeklärt gesehen hätte, am 9. Dezember vom Parteivorstand zurück. Darauf bezieht sich die Bemerkung in der Einleitung seiner Memoiren (Volksausgabe von 1930), er hätte auch vor Präsidenten - d.h. also auch vor Ebert - "nie den Nacken gebeugt". Nähere Umstände werden im Kopenhagener Typoskript ungeschminkt beschrieben. Hermann Müller-Franken, der Scheidemann nahestand, trat an seine Stelle in den Parteivorstand ein.
Als Kasseler Freunde im Winter 1919 bei ihrem Abgeordneten im Reichstag vorsprachen, fragte sie der geborene Kasseler, der 1909 die Einweihung des Rathausneubaus in hessischer Mundart als "Dreiklassenhus" verspottet hatte, beiläufig: "Ihr wollt mich wohl nach Kassel holen als Ober?" Über die Nachfolge war in der SPD-Fraktion des Rathauses eigentlich noch nicht gesprochen worden. Das erübrigte sich nunmehr. Am 19. Dez. 1919 wurde der große Sohn Kassels mit knappem Vorsprung (48 von 86 Stimmen) also mit nur 56%iger Mehrheit zum Oberbürgermeister gewählt. Dabei muß man wissen, daß die Oberbürgermeister Preußens als Eliteclub von Verwaltungsfachleuten angesehen wurden. Insofern lag in dieser Ernennung des Reichstagsabgeordneten an die Stadtspitze Kassels (vom 17. Jan. 1920) eine hohe Ehre, die Scheidemann damals zu schätzen wußte. Aus der Spätsicht seiner nachgelassenen Memoiren von 1938 hat er die Annahme bedauert. Das erstaunt den Biographen insofern, als Scheidemann in Kassel seine Fähigkeiten als Verwaltungschef unter Beweis stellen konnte. Hatte er im Reich wie ein Nothelfer "sozialistisch" zu regieren versucht, so konnte er hier langfristig verwalten.

---

[56] Diese Formulierung stammt von Scheidemann und wird erst zwei Jahre später von seinem Amtsnachfolger Josef Wirth geflügelt gemacht und heute fälschlich ihm zugeschrieben.

Sein Monatsgehalt betrug nun mit Aufwands- und Mietentschädigung 2.833 Mark. Er übersiedelte mit seiner Familie (für fast sechs Jahre) in die Wilhelmshöher Allee Nr. 5, ein steiler Aufstieg von der altstädtischen Michelsgasse. Bei seinem Amtsantritt versicherte er:

"Ich bin entschlossen, mich mit allen Kräften der Arbeit im Dienste meiner Vaterstadt zu widmen, die ich liebe, deren Schönheit ich geschildert und deren Ruhm ich verkündet habe, wo immer ich Gelegenheit dazu hatte."

Das lag zehn Jahre zurück; damals hatte er sein Mundartbändchen "Casseläner Jungen", herausgebracht. Es wurde mehrfach nachgedruckt und hat eine lokale literarische Bedeutung. Ein Lebenskreis hatte sich für den 54jährigen geschlossen. Der Oberbürgermeister bekam vom Anfang seiner Amtstätigkeit an die Opposition und die Mißgunst sowohl der Rechten (Antisemiten) und der Linken (Kommunisten), als auch aus seiner eigenen Fraktion zu spüren. Um so erstaunlicher mag es erscheinen, wieviel dieser "Konkursverwalter" in jenen Notjahren durchgesetzt hat, wie sehr er alten Mißständen abhalf. Vor 1918 unterhielt Kassel keine Markthalle, kein Schwimmbad, keine Leichenhalle und kein Krematorium. Wie wenig Hilfe bei seinen Finanzierungsengpässen aus Berlin zu erwarten war, ergibt sich aus einem Antwortschreiben Eberts an ihn, datiert vom 23. Febr. 1920:

"Die Finanzierung der Gemeinden ist allerdings ein sehr trübes Kapitel. Soweit das Reich in Betracht kommt, muß die Frage beim Landesbesteuerungsgesetz, das im Ausschuß der Nationalversammlung beraten wird, entschieden werden."

Es war wenigstens eine ideelle Hilfe, daß Scheidemanns alter Kampfgefährte Eduard David zum Bevollmächtigten des Reiches in Hessen ernannt wurde. Zur Behebung der Wohnungsnot wurden zunächst 2304 Wohnungen durch Beschlagnahme geschaffen und 1249 durch Neu- und Ausbau. Daran beteiligten sich maßgebend die gemeinnützige Baugesellschaft und die Beamtenwohnungsbau-Gesellschaft. Auch umgebaute Kasernen mußten als Wohnungen dienen. Dann beschaffte er Baugelände durch die Vermehrung des städtischen Grundbesitzes um 22 %. Sein Verdienst bestand darin, daß er für Ermäßigung der Verkaufssummen eintrat. Durch sein geschicktes Vorgehen gelang es, ein ganzes Stadtviertel für 0,18 M pro Quadratmeter zu kaufen, und dadurch das Spekulantenmonopol zu brechen. Er ließ Friedhof und Krematorium stadtplanerisch erweitern und konnte ein Erholungsheim im Schloß Wilhelmshöhe einrichten. Mit Hilfe der Henschel-Stiftung wurde ein städtisches Entbindungsheim errichtet und bereits 1923 das städtische Fulda-Flußbad, das "größte Europas", seiner Bestimmung übergeben. Geheimrat Karl Henschel hatte dabei kräftig zugesteuert und sogar kurz vor der Währungsreform vom 15. Nov. 1923 die Ausgabe von Notgeld unterstützt. Man darf nicht verschweigen, daß es sich Scheidemann nicht nehmen ließ, im Oktober 1920 einen Parteitag der SPD in Kassel durchzuführen. Auch er selbst gründete eine kleine Stiftung "Freude am Handwerk" in Kassel, die freilich in Folge der Inflation aufgelöst wurde. Zu den städtischen Erweiterungen sind noch eine Galerie, ein Wohlfahrtsheim, ein Tagesheim für Kleinrentner und ein Tapetenmuseum im Residenzschloß zu rechnen. Das Kasseler Staatstheater mußte unterhalten und eine Frauenfachschule sowie eine Aufbauschule im alten Waisenhaus baulich eingerichtet werden. Die neue Verwaltung gründete ihr Gesundheitsamt und eine Schulzahnklinik kurz nach seinem Amtsantritt. Es kamen in rascher Folge ein Jugendamt, ein Wohlfahrtsamt, ein Schätzungsamt und ein Wirtschaftsamt hinzu. Er führte die ärztliche Pflichtuntersuchung für alle Schulkinder Kassels ein und ließ Spiel- und Sportplätze ausbauen bzw. anlegen. Neben den Henschelwerken unterstütze ihn auch der ortsansässige Kalikonzern. Nach fünfjähriger Amtszeit ging der zweite hessische Rundfunksender nach Frankfurt am Main in Kassel in Betrieb. So konnte er trotz drückender Lasten, die das Versailler Diktat letztlich auch der Gemeindeebene auferlegte, "durch spartanische Sparsamkeit Unterbilanzen verhüte[n], aber doch so arbeite[n], daß die Gemeinde in allen ihren Verwaltungszweigen intakt geblieben ist" (Etatrede von 1924).

Kassel blieb unter Scheidemanns Verwaltungsgeschick eine der wenigen Städte in Deutschland, die sogar ab 1924 mit einem kleinen Überschuß abschließen konnten. In diesem Jahr wurde er auch (zusammen mit Konrad Adenauer) Vorstandsmitglied des Deutschen Städtetages und erwählten die Buchdruckerdelegierten der SPD (die "Typographia"), die in Kassel ihre Konferenz abhielten, Scheidemann zu ihrem Ehrenvorsitzenden.

Dieser unbestreitbare Einsatz für seine Vaterstadt wurde indes von unbelehrbaren Kasseler Radikalen nicht anerkannt. Seine Wohnung wurde beschmiert, er erhielt laufend Drohungen, so daß er sogar einen Revolver[57] bei sich tragen mußte.

Das ihm mehrfach angedrohte Attentat ereignete sich Pfingsten 1922 bei einem

---

[57] Aus einer von Otto Buchwitz aufgezeichneten Bemerkung geht hervor, daß Scheidemann seinen Revolver mit in seine Kopenhagener Wohnung gebracht hat.

Familienspaziergang im oberen Druseltal vor Kassel. Einer von zwei jungen Fanatikern spritzte ihm Blausäure ins Gesicht. Jedoch verhinderten sein Bart und die Augenbrauen größeren Schaden. Er zog, durch den Schrei seiner Tochter rechtzeitig alarmiert, seinen Revolver und verschreckte die Täter durch zwei Warnschüsse. Dann brach er bewußtlos zusammen. Nach seiner Wiederherstellung feierten ihn Kassels Einwohner öffentlich, so daß er wieder, auf einem Tische stehend, eine Rede halten mußte. Sie endete mit der Warnung: "Hände weg von der deutschen Republik". Das erste Glückwunschtelegramm lief von Walter Rathenau ein, der wenig später ermordet wurde. Die Habichtswälder Täter wurden gefaßt und zu zehn Jahren Zuchthaus verurteilt. Wo gibt es einen Politiker, der sich nicht nur für die Begnadigung einsetzt, sondern auch noch die Distanz der Ironie aufbringen könnte, um im fast kabarettistischen Ton zu schreiben: "An die hochverehrten Herren Mörder, die die Welt von mir Scheusal befreien wollen, habe ich nur einige bescheidene Bitten, die ich zu berücksichtigen bitte. Beim Stechen bitte ich mir nicht an den Hals zu kommen, weil ich da zu kitzlich bin ... Da die Zigarren sehr knapp sind, bitte ich auch von Stechversuchen auf die linke Brustseite abzusehen, weil ich da meine Zigarrentasche trage. Meine hochverehrten Mörder bitte ich ferner, ... meine Kleidung nicht zu durchlöchern, denn ich habe noch keinen Bezugsschein für einen neuen Anzug. Zu besonderem Dank würden mich meine Herren Attentäter verpflichten, wenn sie mich immer einen Tag vor meinem Tode benachrichtigen wollten, damit ich jedesmal mit meinen Freunden einen Abschiedsschoppen stechen kann."

Der November 1923 war eine turbulente Zeit: Hitler marschierte auf die Feldherrnhalle in München; die Währungsreform machte der Inflation ein Ende; Scheidemann mußte seine rastlose Tätigkeit zwar durch zwei klinische Magenbehandlungen unterbrechen, hielt aber unter Aufbietung aller seiner Kräfte jährlich etwa fünfzig Versammlungen ab. Am 28. Febr. 1925 starb, formal-juristisch als angeblicher Landesverräter verurteilt, aus seinem Sattlerverband ausgestoßen, Reichspräsident Ebert an schwerer Krankheit und Verbitterung. Sein Mandat bis 1925 war nicht, wie er es erhofft hatte, durch eine unmittelbare Volkswahl, sondern bloß vom Parlament durch Mehrheitsbeschluß verlängert worden.

Im Juli des Jahres ließ Erwin Piscator in Anlehnung an das alte sozialistische Parteiemblem, eine Revue "Trotz alledem" im Großen Schauspielhaus von Berlin aufführen, in der 'Ebert' und 'Scheidemann' auftreten. Es werden ihnen Texte unterlegt, die sie in dieser Form wirklich gesprochen hatten. Das Polizeipräsidium untersagte nach zwei Vorstellungen jede weitere Aufführung. Scheidemann, der wegen eines verschlimmerten Magenleidens am 30. Sept. 1925 von seinem Amt zurücktrat, war schon zu Lebzeiten zur historischen Person geworden. Das "Reichsbanner" hatte ihm zum 60. Geburtstag einen Fackelzug dargebracht.

2.8 MdR - "Freiheitskämpfer" in Lebensgefahr

Gegen Ende des Jahres 1925 übersiedelten der Reichstagsabgeordnete für den Landkreis Hessen-Nassau Philipp Scheidemann und seine Frau nach Berlin-Charlottenburg, Berliner Straße 54 (später ab 1931 Nr. 66). Er entfaltete, gesundheitlich wieder genesen, abermals eine journalistische, schriftstellerische und rednerische Tätigkeit. Es verging kaum ein Monat, in dem nicht im "Casseler Volksblatt", im "8 Uhr Blatt", in der "Volksstimme Frankfurt" oder im "Vorwärts" ein Artikel von ihm zu lesen war. Von 1925 bis 1933 hielt er im Reich jährlich etwa fünfzig Versammlungen ab. 1925-26 verteidigte er das Programm seiner Partei gegen die Reaktion. Um ihrem Mann den Rücken freizuhalten, fing Frau Scheidemann einlaufende Droh- und Schmähbriefe in der Post ab. Sie hatte damit schon in Kassel wegen der nötigen Sicherheitsvorkehrungen, die die Polizei anordnete, ihre Nerven zerrüttet und nun in Berlin bei aller Hektik der Ereignisse ihrer Gesundheit derart geschadet, daß sie Ende August 1926 an einem Schlaganfall verstarb. Scheidemanns Berufskollegen von der Gewerkschaft "Typographia" sangen "Sei getreu bis in den Tod". Der Vorsitzende der SPD, Otto Wels, sagte an ihrem Grabe:
"(Ihre) beherrschenden Züge waren Liebe und Arbeit. Sie war die treueste Gefährtin ihres Gatten, sie machte seine Entwicklung und seine Kämpfe mit, sie stand ihm in den langen Jahren schweren Lebenskampfes, wie in der kurzen Zeit sonnigen Glücks einfach, schlicht, aber tätig und entschlossen zur Seite."
Schon 1919 hatte Gustav Frenssen diesen "wunderbaren Lebensgang eines Dithmarscher Kindes" mit guten Wünschen durch seine Übersendung "Jörn Uhls" begleitet.
1926-27 bezieht der Wahlredner Scheidemann energisch Stellung gegen Militarismus und Kriegsgelüste. 1928 verteidigt er die Republik und deren Verfassung und beginnt, die Nazis anzugreifen und sich über die neue völkische Welle öffentliche Gedanken zu machen. Er warnt im Angedenken an Erzberger vor Exzessen und dem "Spiel mit dem Feuer". 1930-31 betont er mit vollem Recht: "Wir haben die Demokratie gerettet" und

führt die Folgen des Versailler Diktats abermals vor. Er zeigt, daß die Rechte der Frauen immer noch beschnitten sind und warnt erneut vor den Folgen einer faschistischen Herrschaft. 1932 faßt er seine hundertfachen Bemühungen um die Herrschaft der Demokratie als Redner im Raum Kassel, Frankfurt und Berlin zusammen. 1932-33 wird der öffentliche Ton schriller, und Scheidemann steht abermals wie schon 1918-19 unter unverhohlenen Morddrohungen[58]. Die letzten in Deutschland nach der Machtergreifung gedruckten Aufsätze zeigen die Unerschrockenheit des alten Kämpfers für Verfassungsmäßigkeit des öffentlichen Lebens - doch vergebens.

Scheidemann hielt am 16. Dez. 1926 im Reichstag für die SPD eine Rede, "Entweder Oder", gegen die illegale Aufrüstung der Reichswehr, geißelte die Förderung bewaffneter rechtsradikaler Organisationen durch die Reichswehr und prangerte die militärische Zusammenarbeit zwischen Deutschland und der Sowjetunion an. Der "Manchester Guardian" hatte bereits über unzulässige, geheime deutsche Rüstungen dieser Art berichtet. Trotzdem zog diese Rede starke Ressentiments der rechtsradikalen Seite auf sich. Seit dieser Zeit bewegte sich "der Feind" immer weiter nach rechts. Scheidemann polemisierte immer stärker gegen diese unheilvoll werdende Richtung in Artikeln wie "Nie wieder Krieg", "Faschistische Regierung?", "Untergang oder Rettung?", und "Die Kettenhunde der Reaktion". Mit diesen Artikeln warf er der Nazibewegung und ihrem Terror den Fehdehandschuh hin. Weil er sich ab 1932 persönlich bedroht fühlte, wurde er Mitglied des Schutzverbandes deutscher Schriftsteller. Noch zwei Wochen nach der Machtergreifung veröffentlichte der "Vorwärts" Scheidemanns letzte partei-interne Herausforderung der nationalsozialistischen Bewegung in Deutschland, betitelt "Die Novemberverbrecher", unter dem Datum des 12. Februar 1933. Die Berliner Nachtausgabe hatte noch am 22. Februar 1933 den Schneid, "Frontgeister der S.P.D."zu veröffentlichen. Dann riß die Kette. Um der drohenden Verhaftung zu entgehen, blieb dem berühmten "Novemberverbrecher", wie ihn seine faschistischen Gegner schimpften, gerade noch Zeit zur eiligen Flucht ins neutrale Ausland. Er floh - soweit zeitlich zu rekonstruieren - in der Nacht vom 1. zum 2. März nach Salzburg und am 4. weiter nach Karlsbad in der Tschechoslowakei. Wie er es selbst treffend formulierte, entschlüpfte er den Bestien. Das

---

[58] Vgl. Drohbriefe an Philipp Scheidemann in der Leipziger Volkszeitung vom 24. 1. 1933.

Datum war für das Gelingen günstig gewählt. Es lag fünf Tage vor dem Termin der Reichstagswahl, bei der er übrigens wiedergewählt wurde. Danach zog er an einen Ort südlich von Prag mit Namen z'Brazlav - zu deutsch Königssaal a.d. Moldau -, nicht weit von dem Ort Horsovice, wo er 1878 mit seiner Familie fünf Monate auf einem Schloß zugebracht hatte. Darauf nahm er bis 1934 Wohnung im Stadtinneren Prags, wo sich bis 1938 ein wichtiges "Sopade" Büro befand. Der "frühere Reichskanzler", wie es in seinem deutschen Paß, der während der Weimarer Republik ausgestellt wurde, heißt, passierte die beiden Grenzen. Ihm wurde nach seiner Flucht der Pensionsanspruch auf ein Oberbürgermeister-Ruhegehalt ersatzlos gestrichen. Sein Sparkonto Nr. 8114 bei der Dresdner Bank, das über 89.80 M lautete, wurde nicht mehr rechtzeitig in ein Sperrkonto verwandelt. Die international verflochtene Druckergewerkschaft ließ ihm aus einer Gewerkschaftskasse in Prag monatlich 100 CK ausbezahlen.

Kaum war er einigermaßen in persönlicher Sicherheit, setzte er den Kampf gegen seine Gegner in der neutralen Presse fort. Bereits am 29. Juni 1933 erschien in der Züricher Zeitung "Volksrecht" sein Aufsatz "Hitlers Hand am Pulverfaß":

"Deutschland ist seit der Berufung Hitlers zum Reichskanzler einem Pulverfaß zu vergleichen. In Hitlers Händen ruht eine weit größere politische Macht, als sie früher jemals ein Reichskanzler oder ein Kaiser gehabt hat. Auf Grund eines sog. Ermächtigungsgesetzes vom 23. März liegt sogar die Entscheidung über Krieg und Frieden ganz a l l e i n in der Hand des Diktators Hitler. Das Pulverfaß Deutschland interessiert deshalb nicht nur Europa, sondern die ganze Welt. Sarajewo war ein Zündhölzchen, an dem der Weltkrieg sich entzündete, das Hitler-Berlin ist eine Brandfackel, mit der Geisteskranke und Verbrecher am Pulverfaß spielen. - Ist es für die Welt erträglich, daß im Zentrum Europas politische Abenteurer und Verbrecher, die Gesetze und Recht, Kunst und Wissenschaft mit Füßen treten, am Pulverfaß mit Brandfackeln spielen? Nein, tausendmal nein! Es ist eine Aufgabe der gesamten Kulturwelt, diesen Abenteurern das Handwerk zu legen. Daß dabei nicht an blutigen Krieg gedacht wird, ist selbstverständlich."

Scheidemann muß überzeugt gewesen sein, daß Hitlers Macht durch internationale Aktionen geschmälert und schließlich gebrochen werden könnte. Die deutsche Reichsregierung fühlte sich empfindlich getroffen und durchschaut. Denn klarer hätte auch ein politischer Wissenschaftler sechs Jahre vor dem Ausbruch des Zweiten Weltkriegs die internationale Gefahr nicht analysieren können. Daß die zivilierte Welt Sanktionen gegen das Hitlerreich hätte ergreifen müssen, war ihm, aber zum Unglück Europas nicht vielen anderen Beobachtern, schon so früh klargeworden.

Über diese entlarvende Analyse waren die nationalsozialistische Regierung und besonders Goebbels verärgert, weil sie, unter Verkehrung des letzten Satzes in sein Gegenteil, offenbar ohne Wissen Scheidemanns in der "New York Times" noch einmal erschien. Um ihn zum Schweigen zu zwingen, nahm die Gestapo fünf seiner Bekannten vorübergehend in Geiselhaft. Scheidemanns Enkelin hatte die sechundzwanzig Tagebücher, die Scheidemann von 1914-19 verfaßt hatte, an eine Deckadresse nach Prag geschickt. Unglücklicherweise war die Gestapo sehr wachsam und fing die getarnte Paketsendung, die zur Irreführung an ein Eheanbahnungsinstitut gerichtet wurde, an der Grenze ab. Inzwischen wurden die gelegentlichen Verhöre einer Tochter, einer Enkelin und deren Ehemannes noch bis 1936 fortgesetzt. Die Ausschlachtung des konfiszierten handschriftlichen Materials, das transkribiert werden mußte, erfolgte auf Goebbels' Anweisung im Rahmen einer Hetzkampagne. In vierzehn Abfolgen im "Angriff" veröffentlichte ab 10. Nov. 1933 der Lohnschreiber Ewald Moritz unter dem Pseudonym GZ (Gottfried Zarnow) "Seine Exzellenz der Hochverräter" in Serie. In dieser wurde der ehemalige Reichsministerpräsident vom Standpunkt der damaligen politischen Verfassungsunwirklichkeit ohne Strafprozeß als 'Hochverräter' dargestellt. Diese Schmähschriften haben den früheren Minister sehr verletzt, weil sie verfälschte Auszüge aus seinen konfiszierten Tagebüchern vorlegten. Gegen derartige Elaborate konnte er sich ohne Rückgriff auf seine privaten Aufzeichnungen von Prag oder Kopenhagen aus nicht zur Wehr setzen.

Sein tschechisches Durchreisevisum nach Gdingen war abgelaufen, als er im August 1934 auf dem polnischen Auswandererschiff "Kosciuszko", das Kurs auf Kanada hielt, zwei Schiffspassagen löste. Zusammen mit seiner unverheirateten mittleren Tochter Luise reiste er nach Kopenhagen. Als prominenter Fahrgast mußte er auf der Reede vor Kopenhagen ausgebootet werden, weil mit Demonstrationen von Links und Rechts zu rechnen war. Durch Vermittlung des Ministers Stauning erhielt er bald einen dänischen Paß, ausgestellt auf den Namen Philipp Hendrik. Nach Angaben des amerikanischen Journalisten Carl Andersen vom New Yorker "Daily Herald" (5. Dez. 1939) erhielt Scheidemann während dieser Zeit von der internationalen Druckergewerkschaftskasse eine Invalidenpension von fünfzig Shilling im Monat. Diese Pensionszahlung wurde von einem sog. Matteotti-Comité, das in Kopenhagen ansässig und tätig war, verwaltet[59].

---

[59] Nach ZPA RSHA IV P st 3/258 Bl. 58 wurde diese Zahlung durch monatlich 200 kr. aus Mitteln der Sozialdemokratischen Partei Dänemarks ergänzt; siehe auch PPS, "Bestien"-Ms. S. 47.

Seine ihm von 1935 bis 1939 verbleibenden Jahre waren gefährliche Arbeitsjahre im Verborgenen.

Im Juli 1935 machte Scheidemann incognito eine Fahrt nach Paris und Versailles. Der Sureté Nationale sind diese Aufenthalte nicht entgangen, ja sie könnten ihr aus Sicherheitsgründen von der Kopenhagener Regierung zugespielt worden sein. Im Juni 1936 wurde der kranke alte Mann von der Buchdruckergewerkschaft ins Erholungsheim "Römisches Ufer" nach Budapest eingeladen. Von den letzten drei Jahren seines Lebens, während deren er den "aufhaltsamen Aufstieg" des Führers und seines verblendeten Volkes mit Bangen beobachtete, kann man sagen, daß er sie angestrengt schriftstellerisch arbeitend verbracht hat.

Im April 1939 mußte er wegen eines Bauchtumors operiert werden, und verabschiedete sich vorsorglich von seinem Kopenhagener Freund Sörensen. Der alte Scheidemann rechnete mit seinem Tode und schreibt daher tapfer:

"Ich weiß nicht mehr ganz genau, ob im Himmel Milch und Honig fließt, hoffentlich aber fließt dort in irgendeinem Volkskrog (Kneipe) frisches Sternenöl (Bier)."

Er hat damit gerechnet, daß sein unter Freunden bekanntes Gedicht "Sterbegebet", das er anläßlich der Beisetzung von Hermann Müller-Franken 1931 dreistrophig angefangen hatte, und das er in mehreren Etappen aufschrieb, auf ihn gemünzt, in der genehmigten Fassung verlesen und gedruckt werden könnte. Das vollständige Gedicht zeigt noch einmal den alten "Freiheitskämpfer" in einem zarten, volkstümlichen Abschiedston, im Stil nicht weit entfernt von Kirchenliedern geschrieben, die er als Kind gelernt hatte. So könnte man es vielleicht ein sozialdemokratisches Bittgebet nennen:

" GEBET "

Lieber Gott, ich bitte Dich
laß mich nicht im Frühling sterben
Nicht, wenn alle Knospen springen,
die Vöglein wieder jauchzend singen.
Wenn frohe Menschen Unfug treiben,
dann laß auch mich am Leben bleiben.

Lieber Gott, ich bitte Dich,
laß mich nicht im Sommer sterben!
Nicht, wenn duft'ge Blumen blüh'n,
Nicht, wenn die Wiesen saftig grün,
Wenn alle Früchte reifend streben
Zur Ernte - ach, dann laß mich leben.

Lieber Gott, ich bitte Dich,
laß mich nicht im Herbste sterben!
Nicht, wenn reife Reben lachen,
Pfalz und Rhein uns trunken machen!
Wenn frohe Zecher Gläser heben,
Dann, lieber Gott, dann laß mich leben.

Lieber Gott, ich bitte Dich,
laß mich nicht im Bette sterben.
Laß im Freiheitskampf uns siegen!
Bleib' ich dabei sterbend liegen,
Drück mir ein Freund die Augen zu.
Wenn uns der Sieg, dann gib mir Ruh.

Sein H.P. mit Bedacht überliefertes politisches Testament soll offenbar bewußt wie ein heidnischer Ränkeschwur klingen:

"Herzlichen Dank allen Freunden, die mir den Aufenthalt in Dänemark ermöglicht haben, so daß ich eine zweite Heimat, die ich auch lieben lernte, fand.
Den in alle Welt vertriebenen Kampfgenossen, wie den der Freiheit beraubten oder in der nazistischen Freiheit geächteten Freunden die letzten Grüsse. Keiner soll die Hoffnung verlieren, der Tag der Abrechnung kommt.
Mögen bei dieser Abrechnung unerbittliche Richter ihres Amtes walten. Die ehemaligen Vertrauensleute der deutschen Arbeiter, die sich in schicksalsschwerer Stunde als unzulänglich erwiesen, werden mildere Richter finden. Die sich als Feiglinge erwiesen haben, werden in einem Meer von Verachtung vergeblich nach einer rettenden Insel Umschau halten.
Fluch den Erbärmlichen, die die Republik einem Geisteskranken ausgeliefert haben. Dreifacher Fluch den Schuften, die Deutschland geschändet, den deutschen Namen entehrt haben! Hundertfacher Fluch den Verleumdern und Ehrabschneidern, den meineidigen Verrätern und Meuchelmördern, die an der Spitze ihres Verbrecherstaates als dessen Führer standen."

Ph. Sch

Er konnte zwar noch einmal zu Kräften kommen, aber am vorletzten Novembertag haben ihn "Tusinder, unge of gamle Socialdemokrater" respektvoll auf seinem letzten Gang hinter sechs roten Fahnen begleitet.

"Es war einer der Männer, die stark von der Tradition des 19. Jahrhunderts, durch Toleranz und Menschlichkeit, geprägt waren," heißt es im Nachruf der Washington Post. Sörensen sorgte später nach Absprache mit Luise Scheidemann dafür, daß ihres Vaters sterbliche Hülle in einer Urne in sein Heimatland übergeführt und nach einer Verzögerung von einem Jahr am 21. November 1954 auf dem Kasseler Hauptfriedhof in einer Ehrengrabstätte bestattet wurde. Es war eine noble Freundschaftsgeste Sörensens. Weder er noch die Kasseler ahnten, daß ihr ehemaliger Oberbürgermeister

Philipp Scheidemann, obwohl er vierzehn Jahre im Reichstag für ihren Wahlkreis gewirkt hatte, nicht in Kassel, sondern neben seiner Frau Johanna auf dem Stahnsdorfer Friedhof bei Berlin beerdigt werden wollte. Da Stahnsdorf damals im DDR-Bezirk Potsdam lag, wo Scheidemann der SED rückwirkend als "rechter Sozialdemokrat", der "maßgeblich an der Niederschlagung der Novemberrevolution beteiligt"[60] war, galt, konnte dieser Wunsch nicht erfüllt werden.

---

[60] So wörtlich ironischerweise noch 1975 in: Meyers Lexikon A-Z. VEB Leipzig, S. 824 r. Sp.

DRITTER TEIL: Vermächtnis

3.1 Was bleibt von seinem Ansehen?

Scharfmacher der Rechten verunglimpften ihre persönlichen Gegner während der Weimarer Republik mit grobem Geschütz. So wurden damals sog. Parteispalter, die sich der Fraktionsdisziplin nicht immer beugen wollten, als "Scheidemänner" bezeichnet. Da diese Bezeichnung unangemessen ist, braucht darauf nicht näher eingegangen zu werden. Gerade Scheidemann mußte öfter Mehrheitsmeinungen der SPD öffentlich vertreten, die er hinter verschlossenen Türen bekämpft hatte. Er selbst war in mehrere Strafprozesse verwickelt, verlor jedoch, anders als Friedrich Ebert[61], keinen einzigen[62]. Auch Scheidemann verbrauchte viel Kraft im Widerstreit mit Parteifreunden und in der zermürbenden Auseinandersetzung mit Feinden. Aber er drückte sich nie davor, Behauptungen gerichtlich nachprüfen zu lassen, wenn ihm dies wegen des öffentlichen Friedens notwendig schien.

Sein wichtigstes politisches (wie auch literarisches) Thema bildet und bleibt in der Tat der Frieden. Er befaßt sich mit den Verteidigungsaufgaben einer militärischen Landwehr, also einer reinen Verteidigungsarmee, bereits 1910. Er verfaßt mitten im Kriege eine Abhandlung über Krieg und Frieden namens des Vorstands der SPD. Der Titel dieser Broschüre lautet lapidar "Es lebe der Frieden". Sein Ausruf aus dem Lesesaal des Reichstages klingt wie ein erleichterter Friedensruf. Sein Buch "Der Zusammenbruch" (1921) will zeigen, daß angesichts der von den Deutschen nicht mehr rechtzeitig signalisierten Friedensbereitschaft eine Art moralische Zwangsvollstreckung in den Krieg

---

[61] Ein Magdeburger Gericht unterstellte Reichspräsidenten Ebert Ende 1924, er hätte während der Revolutionszeit "Landesverrat" begangen.
[62] Zum Verfahren wegen Urkundenfälschung siehe Prozeß Scheidemann-Prinz im Berliner Volksblatt Nr. 427 vom 27. Aug. 1920. Betreffend den Vorwurf eines angeblichen Falscheids Scheidemanns, ebd. 25. April 1929.

von 1914 erfolgte. Dieses Werk wurde 1923 ins Französische übersetzt, weil sich viele Franzosen an seine gemeinsam mit Jean Jaurès bis kurz vor den Ersten Weltkrieg unternommene Friedensarbeit erinnerten. Auch seine Reichstagsreden und nicht wenige seiner Aufsätze handeln, verallgemeinernd gesprochen, von Frieden und der Einigkeit, die erforderlich ist, um ihn zu stiften und zu wahren. "Scheidemann"-Frieden hätte also eigentlich schon damals nach dem Ersten Weltkrieg, umso mehr aber bei unserem heutigen Erfahrungshorizont nach dem Zweiten, ein Ehrentitel und nicht ein Schmähwort sein sollen. Stattdessen haftete diesem Begriff eines ungerechten, oktroyierten Zustands der üble Beigeschmack eines spalterischen Unfriedens an.

Der Reichsministerpräsident agierte während der "Verhandlungen" von Versailles mit kühler Rationalität, nicht aber wie ein Macchiavellist. Wenn die Bedingungen das erträgliche Maß überstiegen, mußte das Reich eben von einem Besatzungsregime kommissarisch verwaltet werden. Er hatte von der "Finis-Germaniae"-Panik einiger seiner Kollegen keine hohe Meinung. Es wäre vermutlich im Sinne einer politischen Katharsis für die Zukunft des Reiches langzeitlich heilsamer gewesen, die Feinde wären einmarschiert. Die Dolchstoßlegende hätte jedenfalls sehr viel weniger Glaubwürdigkeit genießen können, hätte die Besetzung des ganzen Reiches 1918 stattgefunden.

Ministerpräsident Scheidemann wollte dem deutschen Volk eine heilsame Beruhigung und eine die Grundlagen sichernde Ordnung verschaffen. Er wollte ferner das vorherrschende arrogante Heldenpathos der Unbelehrbaren ablegen helfen.

Stattdessen brachte der Zwangsfrieden sehr viel Unruhe über die Bevölkerung und stachelte das frustrierte "Heldenbewußtsein", diesmal mit noch schlimmeren Folgen, erneut an. Die Dolchstoßlegende der angeblich unbesiegten Armee, ein Mythos, den die "Novemberverbrecher" immer wieder vergeblich anfochten, zerstörte im Keime den Ansatz zum gedeihlichen Aufbau der Weimarer Republik.

Da die Revolution ausgebrochen war, bevor die Erfüllungspflicht der neuen deutschen Regierung von den Alliierten eingefordert wurde, wußte Scheidemann als amtierender Regierungschef, daß ein solcher Vertrag wie der von Versailles auf deutscher Seite nicht eingehalten werden konnte, da sich die Bedingungen völlig geändert hatten. Nicht nur überforderte er die deutsche Volkswirtschaft total, die Menschen hatten auch nicht das eigene Joch abgeschüttelt, um nun zu Erfüllungsgehilfen fremder Ausbeutungspolitik degradiert zu werden. So mußte jedenfalls ein sensitiver Ministerpräsident die Stimmung im Lande auffangen, artikulieren und nach außen vertreten.

Scheidemann hatte trotz seiner ironischen Art ein klar ausgeprägtes Wahrheitsbedürfnis. Noch am 19. Juni wollte Minister Preuß das Versailler Diktat dem Haager Schiedsgericht unterbreiten[63]. Scheidemann hatte vergeblich versucht, eine Neuinterpretation der politischen Voraussetzungen einzuführen. Dafür gab es jedoch keinen Handlungsspielraum. Aus der Spätperspektive der Wiedervereinigung von 1990 gesehen, erscheint Scheidemanns Standpunkt des Widerstands gegen einen Diktatfrieden aufgewertet. Aber das gehört ins Reich der Spekulation.

Die Alliierten trauten dem Spätenthusiasmus der Deutschen für Demokratie in keiner Weise (Daily Mail: "Die Hunnen werden euch doch noch reinlegen!") und würgten ihn daher in den Augen vieler schwer belehrbarer Deutscher durch Entzug des politischen Vorvertrauens ab. Die parlamentarische Demokratie, bei der innerhalb und außerhalb des Landes mit einer anderen Elle gemessen wurde, genoß deshalb bei vielen desorientierten Deutschen kein Ansehen. Als politischer Mensch spiegelte insofern der 54jährige deutsche Ministerpräsident die Grenzen einer politischen Sanierungsaufgabe wider, die den führenden Deutschen damals gezogen waren. Manche Zeitgenossen haben die ethischen Differenzierungsversuche ihres bald zurückgetretenen Kanzlers ohne Fortüne, aber auch ohne Ranküne nicht zu schätzen gewußt, ja vielleicht nicht einmal als so einschneidend wahrgenommen wie später Eberts Abtreten. Scheidemann war nicht, wie Ebert, ein Meister der Intrige. Zudem vertrat sein Außenminister die deutschen Interessen in einer Herrenreiterpose, die zwar zu Hause, nicht aber in Versailles bei den ausländischen Unterhändlern ankam. Die parlamentarische Kontrolle konnte in so kurzer Entfaltungszeit noch nicht greifen. Die Regierung Scheidemann vermittelte zwar den Eindruck im Osten und Westen, daß die neue Deutsche Republik kein zweites Moskau werden wollte. Aber die Hoffnung, deshalb als parlamentarischer Neustarter vom Westen mildere Friedensbedingungen wie ein weniger erniedrigtes Land zu erhalten, trog und erfüllte sich nicht. Für diese spitzfindige Vorstellung einer überholenden Kausalität zeigten die im übrigen uneinigen Alliierten kein Verständnis. Zudem gewannen die Amerikaner den Eindruck, daß die westliche Ordnung trotz der mangelnden Schützenhilfe aus den USA und trotz harter Versailler Bedingungen sich in

---

[63] ZK SED-PDS II 145/ 8, S. 41.

Deutschland schließlich durchsetzen würde. Das paßte zu ihrem Sendungsbewußtsein. Die Regierung Scheidemann hätte deshalb noch etwas linker stehen können als sie es tat, so lange sie bloß unterzeichnete.

Scheidemann und Ebert waren bei Kriegsende die wichtigsten profilierten Politiker in der SPD, die als angesehene Arbeiterführer für die Bewältigung der Aufgaben in Frage kamen. Ihnen beiden oblag es in vorderster Linie, das bedrohte Vaterland vor den Gefahren von Rechts wie von Links, angefacht von der Rache der Siegermächte, so gut es ging zu schützen. Den Gesinnungsvorbehalt der Reichswehr gegen Scheidemann muß man dabei etwas höher als gegen Ebert veranschlagen. Der Gesinnungsvorbehalt der äußersten Linken dürfte 1918 vorübergehend gegen Ebert größer als gegen Scheidemann gewesen sein. Als Ebert noch amtierte, Scheidemann bereits OB von Kassel geworden war, hatten die rechten Bravados keinerlei Vorbehalte mehr, sondern machten ihre bestialische Gesinnung brutal publik: "Rathenau ist tot, Ebert und Scheidemann leben noch."[64]

Ebert, der aus der Gewerkschaftsarbeit aufgestiegene Organisator, konnte gelegentlich autokratische Neigungen an den Tag legen. Das ist nicht weiter verwunderlich, wenn man die Bedingungen bedenkt, unter denen er von den letzten Kriegswochen ab "regieren" mußte. So ist es 1918 vorgekommen, daß er, ohne die Fraktion zu verständigen, zum Telephon griff, und sich mit der OHL, vertreten durch General Groener, absprach. Es mag auch über Mittelsmänner Ebertsche Kontakte zur Regierung Wilson gegeben haben. Dafür hatte der parteidisziplinärere Scheidemann, wie er selbst denkt, nicht genügend Witterung. Jedenfalls hat Scheidemann Ebert über viele politische Klippen, ja sogar über dessen Tod hinaus bis nach 1928 die Stange gehalten. Im Ebert-Erinnerungsband von 1928 fällt kein böses Wort über ihr ab dem Sommer 1919 sich anbahnendes Zerwürfnis, das sich an einer unterschiedlichen Auslegung des Verfassungsauftrags entzündete. Ebert sei nämlich nach Scheidemann irrtümlich der Ansicht gewesen, "der Reichspräsident bestimmt die Politik und der Reichskanzler deckt sie".[65] Ein Erfüllungsgehilfe dieser Art war Scheidemann vom Typ her nicht. Er wollte 1919 als Arbeiterführer Frieden stiften, Ebert das Reich retten. Als räche sich dieser Kalkül Eberts, ist es dem Reichspräsidenten nicht gelungen, als erfolgreicher und

---

[64] In München ausgehängtes Plakat vom 25. Juni 1922.
[65] Ms. des dritten Bandes, S. 42 oben.

populärer Reichsverweser sui generis nach Art. 41 der Weimarer Reichsverfassung, wie es vorgesehen war, vom Volke gewählt zu werden. Stattdessen wurde er 1919 vor ihrem Geltungsbereich von der Nationalversammlung gewählt, 1924 vom Reichstag wiedergewählt. Insofern ging seine Amtsgewalt entgegen Art. 1 nicht vollständig vom Volke aus. Zwar hat Ebert bereits als Reichspräsident Scheidemann ernannt, doch war die Weimarer Reichsverfassung formell noch nicht in Kraft. Immerhin bestimmte danach der Inhaber des Kanzleramtes nach Art. 56 die Richtlinien der Politik.

Eine Rivalität war insofern auch schon in der Übergangsphase bis zum Inkrafttreten in der Verfassungswirklichkeit vorprogrammiert. In der deutschen Verfassung hatte es bisher einen so abgesteckten Spielraum nicht gegeben. Scheidemann macht darüber in seinen Memoiren Andeutungen, im nachgelassenen Dritten Band wird er offen kritisch. Eine kurze Rekapitulation ihres Verhältnisses möge diese Entwicklung verdeutlichen Zum Jahresende 1914 verbrachten die beiden Parteiführer noch mit Otto Wels (1873-1939) gemeinsame ihre Ferien in Tirol.[66] Zum Amtsabschied am 22. Juni 1919 konnte sich Ebert wegen eines Mißverständnisses angeblich nicht einfinden. Dazwischen lagen Jahre der Abkühlung ihrer Freundschaft. In der Anrede seines persönlichen Briefes an den scheidenden Ministerpräsidenten benutzt Ebert nicht mehr das vertraute "Philipp", sondern den Nachnamen und unterzeichnet auch nicht mit "Fritz Ebert".[67] Von einer zwischen ihnen bestehenden "Kameradschaftlichkeit" konnte 1919 keine Rede mehr sein. Scheidemann war der Auffassung gewesen, daß Ebert nicht das höchste Staatsamt repräsentieren sollte, sondern vielmehr die Regierungsverantwortung der SPD.

Die beiden Parteiführer waren schon am 9. November 1918 unterschiedlicher Auffassung. Ebert hätte damals einen Preußenprinzen als Nachfolger Wilhelms II. für das Reich hingenommen, Scheidemann nicht. Ebert hielt letztendlich 1919 die Annahme des Versailler Diktats für unausweichlich, Scheidemann nicht. Dies sind die gravierendsten politischen Meinungsverschiedenheiten. Ebert ließ seinen ersten Reichsministerpräsidenten im Juni 1919 fallen, weil er in Gustav Bauer einen gefügigeren Amtsnachfolger gefunden hatte. Am 25. Juni 1919 hatte Scheidemann dem

---

[66] Laut Postkarte, von allen dreien unterzeichnet, an Familie Scheidemann adressiert, PPS.
[67] So nach Briefkopie im ASD, siehe Dokumentation.

Parteivorstand zu Händen von Ebert aus Vulpera (Schweiz) einen scharfen Brief geschrieben[68]. Der Ex-Ministerpräsident fürchtet, "daß die Partei drauf und dran ist, sich vollkommen zu ruinieren"[69]. "Daß die Fraktion sich darauf einließ, mit dem Zentrum allein die Regierung zu bilden, habe ich für einen großen Fehler gehalten"[70]. Was die von der SPD gewünschte Erziehung der Jugend angeht, um einen anderen grundsätzlichen Punkt herauszugreifen, so bedauert es Scheidemann, daß die Gerichte wie auch die Professoren in dieser Grundsatzfrage meist gegen die Republik standen, und es so gekommen sei, daß sich die Nachgiebigkeit gegenüber den reformunwilligen Rechten furchtbar gerächt hätte[71]. Ob man mit dieser rückschauenden Analyse des Auftrags der Weimarer Reichsverfassung übereinstimmt oder nicht, so muß doch eingeräumt werden, daß eine sozialdemokratisch orientierte Erziehungspolitik (mit Ausnahme weniger staatlicher Bildungsanstalten) nicht ernsthaft genug in Angriff genommen wurde und vielleicht auch in der kurzen Zeit nicht gemeistert werden konnte. Aber wo, wenn nicht in den Schulen und auf den Universitäten sollten die Regeln der parlamentarischen Demokratie eingeübt werden? Aus ihnen mußten die zukünftigen Abgeordneten hervorgehen. So vertritt Scheidemann rückblickend die Auffassung, daß "das Volk allmählich sturmreif für eine wüste Demagogie"[72] geworden sei. In dieser Alters- und Exilperspektive 1938-39 stellte der alte Scheidemann Friedrich Ebert offen als "militärfrommen"[73], sehr ehrgeizigen, und insofern zu Fehlschlüssen verleiteten, von den Grundsätzen der SPD allmählich isolierten Politiker dar. Die Partei hätte wegen der "Dreispaltung der Arbeiterbewegung" in MSPD, USPD und Kommunisten die parlamentarisch verankerte Führung nicht nachhaltig ausüben können. Es sei der SPD nicht gelungen, die Jugend zu begeistern, so daß die Demokratie nicht krisenfest verankert werden konnte.

Scheidemann geht auch mit sich selbst hart ins Gericht. Er sei gescheitert, weil er zwar die Vorgänge hätte verhüten, nicht aber aufhalten können. Dabei hatte er als Einzelkämpfer zwischen 1925 und 1933 das Menschenmögliche auf seinen

---

[68] Ms. des dritten Bandes S. 75-79.
[69] Ebendort, S. 75.
[70] Ebd., S. 76.
[71] Ebd., S. 82.
[72] Ebd., S. 104.
[73] Ebd., S. 84, 89.

Versammlungen versucht, um die Nazis in seinem Wahlkreis und in anderen Bezirken Deutschlands zu desavouieren. Er zieht 1939 das Fazit, die Deutsche Republik sei u.a. auch wegen der Führungsschwäche der SPD "zugrundegegangen". Jenen Mangel, den er Ebert direkt, aber auch sich indirekt vorwirft, hielt er aus der Rückperspektive von 1938-39 für am schwerwiegendsten.

Die NSDAP der Jahre 1930-33 mußte sich von einem so volkstümlichen Redner, der ihren dumpfen Rassenwahn entlarvte und damit den Antisemitismus wie einst in Kassel bloßstellte und angriff, herausgefordert fühlen. Ein Bleiben im nationalsozialistischen Deutschland ab März 1933 wäre ihm bestimmt nicht besser als Carl v. Ossietzky oder Kurt Schumacher bekommen. In einer anderen Hinsicht bleiben Scheidemann und Ebert durchaus vergleichbar, nämlich in ihrer Liebe zu ihrem Vaterland. Doch Ebert hatte schmerzhafter unter Anfeindungen als Scheidemann unter Verleumdungen ihrer gemeinsamen Gegner gelitten.

3.2 Warnungen, Flucht und Kopenhagener Kontakte

Zu den Eigenschaften eines tüchtigen Politikers gehört es doch wohl nach allgemeiner Ansicht, für kommende Ereignisse und Entwicklungen ein Gespür oder, wie man heute sagt, eine Antenne zu besitzen. Scheidemann besaß diese Gabe bis ins hohe Lebensalter. Freilich gab es unvorhersehbare Katastrophen.
Vor dem Ersten Weltkrieg ließ sich die Entwicklung für die SPD günstig an.
Hatte nicht 1912 bereits jeder dritte Wähler sozialdemokratisch gewählt? Wie lange konnte es also noch dauern, bis die Mehrheit der Wählerschaft für den Deutschen Reichstag hinter der SPD stehen würde? Die sich kurz vor Kriegsbeginn entwickelnde internationale Solidarität der Arbeiterklasse gipfelte in einer Friedenssehnsucht - und wurde jäh unterbrochen. Denn sowohl die deutsche wie die französische Arbeiterschaft schlossen sich wie trunken dem allgemeinen Kriegstaumel während der Mobilmachung an. Die SPD-Führung nahm diese Massengefühle zur Kenntnis und billigte mit großer Mehrheit die nötigen Kriegskredite. Dann setzte das Massensterben ein.
Die warnenden Stellungnahmen der SPD zum Kriege werden in Scheidemanns "Zusammenbruch" (1921) sorgfältig analysiert. Susanne Miller hat diese Angaben in

ihrem grundlegenden Werk, "Burgfrieden und Klassenkampf" (1974) erhärten und bestätigen können. Widersprüche zwischen jener Darstellung und dem später bekannt gewordenen Aktenbestand haben sich nicht ergeben. Es ist eines, ob eine bestimmte Gesellschaftsschicht und die sie vertretende Partei während eines Krieges, den sie nicht gewollt hat, eine Art Burgfrieden mittragen hilft und etwas anderes, ob eine bestimmte Gesellschaftsschicht wegen eines point d'honneur zum Kriege getrieben hat. Die oberste Heeresleitung betrachtete sich und ihre deutsche Armee vor den Waffenstillstandsverhandlungen als besiegt. Deutschland hatte zwar Rußland besiegt, war aber von den Alliierten besiegt worden. Als eine politische Alibikonstruktion taugte die Dolchstoßlegende nicht und zeitigte bloß volksverdummende Wirkungen. Scheidemann hat mit großer Hartnäckigkeit gegen sie angekämpft.

Es handelte sich an der Westfront um einen militärischen, nicht um einen vaterlandsverräterischen Zusammenbruch. Es ist hier nicht der Ort, die einzelnen Argumentationsetappen aufzuzählen. Fünfzehn Jahre lang hat der Reichstagsabgeordnete Scheidemann vor militärischen Verwicklungen durch Säbelrasseln, Auf- und Wettrüsten, unbeschränkten U-Bootkrieg, Anexionismus und heimliche Machenschaffen der Reichswehr während der zwanziger Jahre gewarnt. Er hat über sieben Jahre lang als sechzig- bis siebenundsechzigjähriger Mann in ganz Deutschland gegen Rechtsradikalismus, Revanchismus und Faschismus Stellung bezogen. Es wird versucht, mit Hilfe eines Schaubilds des Itinerars diese Agitationsarbeit wiederzugeben[74].

Später schildert er, wie diese Arbeit eines alternden Reichstagsabgeordneten zuende ging, in seinem nachgelassenen Manuskript, "Den Bestien entschlüpft! In der Emigration". Aufzeichnungen von Philipp Scheidemann - so lautet das mit der Hand geschriebene Deckblatt seines dritten Typoskripts. Er hat es neben der journalistischen Tagesarbeit, die seinem Lebensunterhalt diente, verfaßt. Er begann sie nach eigener Aussage im Frühling 1934, also in Prag, ließ sie dann zwei Jahre lang liegen, und vollendete sie 1936 in Kopenhagen[75]. "Politiker oder Historiker, sollten später nachlesen können", wie ein Emigrant "nach fünfzigjähriger politischer Tätigkeit sein Leben als ausgebürgerter

---

[74] S. dazu Dokumentationsteil.
[75] Er will diese Schrift wie seine anderen nachgelassenen Manuskripte letztendlich "in einem öffentlichen Archiv deponiert" haben (Typoskript PPS S. 1.). In seinem Brief an Alsing Andersen verfügt er (auf S. 9) letztwillig, daß dieses Material im damaligen Reichs- jetzt Bundesarchiv Potsdam deponiert werden sollte.

Deutscher und demokratischer Sozialist hat beschließen müssen" (S.1). Offenbar hatte Scheidemann damals noch vor, dieses Manuskript in den Rahmen einer Fortsetzung seiner Memoiren einzubringen. Wäre es nicht zu seiner Flucht gekommen, so hätte er sich gerne einer parteigeschichtlichen Arbeit gewidmet (S. 1).

Er bezeichnet bereits im Vorwort den damaligen Parteivorsitzenden Otto Wels "als Kulisse oder Lautsprecher" des eigentlichen Machttriumvirats, gebildet von Friedrich Stampfer, Paul Hertz (Herausgeber des "Vorwärts") und Dr. Rudolf Hilferding (S. 3). Wie er ausführlich darlegt, verdankt Scheidemann sein Leben einer eigentümlichen Warnung, die ihm in Berlin zuging. Sie erreichte ihn bereits im Oktober 1932 aus dem Kreise um den damaligen Polizeipräsidenten von Berlin, Wolf Graf Helldorf[76]. Im Falle der Machtergreifung, so sagte der junge (im Ms. anonym bleibende) Warner, müßte Scheidemann Deutschland verlassen, um seiner sicheren Verhaftung zu entgehen. Der junge Mann wollte den alten Mann, wie er sagte, "vor dem Galgen bewahren" (S.6). Nach der Machtergreifung wurde Hermann Göring auch preußischer Polizeiminister. "Von 190 sozialdemokratischen Tageszeitungen waren vier Wochen nach der Berufung Hitlers schon 171 unterdrückt. Kurz darauf erschien nicht mehr eine einzige (S. 10). Als Scheidemann am 23. Februar[77] im Essener Zirkus sprechen sollte, druckten die "Nazisten"[78] in einer gleichgeschalteten Parteizeitung in zollgroßen Buchstaben "Wir lassen den Landesverräter nicht reden" (S. 12). Der Redner mußte heimlich durch einen Nebeneingang in den Zirkus eingeschleust werden und saß viele Stunden in einer unbekannten Privatgarderobe gefangen. Erst spät in der Nacht konnte er vom Bahnhof Düsseldorf aus nach Berlin in Sicherheit gebracht werden. Ein paar Tage später fand er das verabredete Fluchtsignal in einem Brief, den der junge Warner ihm geschickt hatte, auf seinem Schreibtisch vor: "Es wird Zeit". Der in Berlin anwesende und von Scheidemann konsultierte Parteivorstand forderte ihn und zwei andere besonders gefährdete Parteigenossen auf, auf getrennten Wegen nach Salzburg zu fliehen.

Die SPD-Politiker Artur Crispien, Wilhelm Dittmann und Philipp Scheidemann sollten

---

[76] Dieser beteiligte sich sowohl am Kapp-Putsch wie auch am Widerstand des 20. Juli. Es mag zeitgeschichtlich von Interesse sein, daß der Verfasser in dessen Hause in Wannsee 1941/42 mit dem jungen Helldorf zum ersten Mal Fernsehen schauen konnte.
[77] Dieses Datum ist durch seine Eintragung ins Notizbüchlein als Vortragsdatum für Essen bestätigt, siehe Itinerarkarte hinten.
[78] Diese Terminologie benutzt Scheidemann selbst durchgehend und der Verfasser folgt ihm darin.

sich dort wiedertreffen (S. 16). Dort traf am 3. März ebenfalls der Parteivorsitzende Otto Wels ein[79]. Scheidemann muß also in der Nacht vom 1. auf den 2. März spätestens Berlin verlassen haben[80]. Am 6. oder 7. März reist Scheidemann, "um einen alten Schaden nach Möglichkeit reparieren zu lassen", nach Karlsbad weiter (S. 18).
In seiner Summierung hält der Ministerpräsident a.D. das Verhalten des Parteivorstands der SPD 1933 für entschuldbarer als das der meisten Gewerkschaftsfüher (18).
Bis zum Hochsommer 1933 wohnte Scheidemann bei dem ihm lange befreundeten Arzt Dr. Simon in Karlsbad. Bereits zu dieser Zeit wurden dem Pensionär die Oberbürgermeisterpension und die Reichstagsabgeordnetenentschädigung gestrichen[81] (S. 20). Seine älteste Tochter und ihr Mann, der irrtümlich wegen seines Namens Katz für einen Juden gehalten wurde, nahmen sich wegen ständiger Hetze und Anpöbelungen auf der Straße in Berlin aus Verzweiflung das Leben. Er mußte als trauernder Vater auch beklagen, daß seine jüngste Tochter von der Gestapo "im Laufe von nur 2 1/2 Jahren ... direkt zu Tode gehetzt worden ist" (S. 28).
Der Arm der Gestapo war lang. Da verdächtige Personen, die der Gestapo nahe zu stehen schienen, auch in Karlsbad ihr Unwesen trieben, bat der dortige Polizeirat Scheidemann dringend, "weiter von der Grenze wegzugehen ...". Seine mittlere Tochter machte diesen Umzug ins Landesinnere nach z'Brazlav bei Prag mit. Dort fanden sie in einem "Emigrantenkollektiv" zwei Monate Unterschlupf. Kurz vor Weihnachten 1933 bekamen die Scheidemanns in Prag eine kleine Wohnung. Sie lag in einem baugenossenschaftlichen Komplex zwischen Prag-Weinberge und Straschnitz. Dort erhielten sie als Anfangsüberbrückung 60 CK vom Verband der tschechischen Buchdrucker. Scheidemann schrieb unter Pseudonymen eifrig Zeitungsartikel, die ins Tschechische (S. 37) übersetzt wurden. "Die Honorare waren aber kläglich" (S. 36). Allmählich erhöhte sich ihr Einkommen und näherte sich dem Existenzminimum. Sie blieben bis Juni 1934 in Prag. Nur zweimal hat Scheidemann nach eigener Angabe das Prager Sopade Büro besucht, das erste Mal "freudig", das zweite Mal "widerwillig" (S. 37).

---

[79] Diese relativ genaue Chronologie bietet sich aus der Bemerkung an, daß sie mit Wels zusammen am Abend die Nachricht vom Brand des Reichstags gemeinsam am Radio hörten.
[80] Das genaue Fluchtdatum verschweigt er aus Sicherheitsgründen.
[81] Hätte die NS-Regierung den "Berechtigungsschein" nicht "zerrissen", so hätte die Invalidenrente von RM 35 ausbezahlt werden können.

Die Moral der Prager Emigranten sank, und sie versanken ins Grübeln und Kritisieren. Scheidemann hielt sich aus kleinlichen Parteiquerelen heraus und will den Genossen die Lektüre "guter Bücher" empfohlen haben, um dereinst im Kampfe das "notwendige geistige Rüstzeug zu besitzen" (S. 40). Er habe von Exilgenossen, die sich aus der geretteten Parteikasse "Monatsgehälter bewilligten" gelernt: "Ellenbogen, vielfach gespornt, spielen eine viel größere Rolle im politischen Leben, als gewöhnlich angenommen wird" (41). Paul Löbe, heißt es ziemlich kategorisch, habe den Reichstag nicht überzeugend geleitet, im Gegenteil, "er war der schlechteste Präsident des Reichstages seit vielen Jahren" (43). Wegen Otto Wels fragt er sich sarkastisch: "Will er wirklich ein Revolutionär im Ruhestand werden"? (44).

Im August verließen die Scheidemanns auf Drängen des dänischen Journalisten Oscar Jörgensen Prag und "die beiden tschechischen Schutzengel von der Polizei". Das Fazit dieses fünfzehnmonatigen Aufenthalts besteht darin: im Exil kann man eine fanatische revolutionäre Bewegung nicht mehr wirksam bekämpfen, wenn man ihren aufhaltsamen Machtanstieg vorher nicht rechtzeitig verhindert hat. Seine Kritik an der SPD-Exilführung lautet: wer sich an der Parteispitze nicht verjüngt, pendelt in seinen Auffassungen wie das Perpendikel eine Wanduhr (42) hin und her und geht auf Leerlauf. Die Scheidemanns wurden von ihrem Freunde Oscar Jörgensen, Hans P. Sörensen und einem sozialdemokratischen Lotsen mit fröhlichem "Skaal" in Kopenhagen willkommen geheißen (S. 47). Luise Scheidemann war schon öfter in Kopenhagen gewesen. Ihr Vater hatte die Stadt bereits 1896 zum ersten Mal gesehen und dann während des Ersten Weltkrieges etwa zehnmal (S. 47) besucht.

Innerhalb eines Jahres gewinnt der Exilpolitiker die erschreckende Einsicht, daß die Neutralität des kleinen Landes Dänemark bereits 1936 von den Nationalsozialisten nicht mehr vollständig geachtet wurde, ja daß es als ein "Vasallenstaat des Dritten Reiches" zu betrachten gewesen wäre (S. 48). Die in Dänemark an sich herrschende Pressefreiheit erlitt gewisse "freiwillige Einschränkungen", was Meldungen über deutsche Übergriffe anging (S. 55). Das dänische Außenministerium[82] unter der Leitung von Dr. Munch habe sich gegenüber den Nazispionen im Lande zu zaghaft verhalten (S. 55-60). Der alte Journalist moniert die Zaghaftigkeit der dänischen Presse, die, als es noch möglich war,

---

[82] Es hatte nach seiner Meinung diese Zurückhaltung in Presseberichten den Zeitungen empfohlen (S. 55).

nicht energisch genug gegen die Nazisten Einspruch eingelegt hätten. Hier bricht das Manuskript auf S. 62 ab. In einem letzten Nachwort auf S. 63 hofft Scheidemann, daß er über die Lage in Dänemark nicht ungerecht geurteilt habe.

Scheidemanns "Der Zusammenbruch" von 1921, der 1923 in Paris auf Französisch, und seine Memoiren, die bereits 1928 in London auf Englisch erschienen waren, hatten einen weiten Bekanntheitsgrad. Er schrieb den Beginn der deutschen Fassung des ersten Buches im Sommer 1919 bei seinem Verleger Dr. Helphand in der Schweiz und das Ende desselben auf Schwanenwerder[83] vor Wannsee, welche Insel Dr. Helphand inzwischen erworben hatte. Nach Scheidemann hatte ein Ausschnittbüro mehrere hundert Zeitungsrezensionen zu diesem Buch gesammelt. Der Verlag galt damals als populärwissenschaftlich tonangebend in Berlin auf dem Gebiet der sich neu bildenden Sozialwissenschaften.

Dieser Verlag für Sozialwissenschaft wurde von dem 1891 in Basel promovierten Exilrussen Dr. Alexander Helphand aus Odessa, wegen seiner hünenhaften Körpergröße ironisch "Parvus" genannt, als Lehrer und Mithäftling Trotzkis zu Berühmtheit gelangt, Ende des Krieges gegründet und ist ungefähr sieben Jahre von Berlin SW 68 aus geleitet worden. Helphand war nicht nur ein europabekannter gelehrter sozialistischer Theoretiker, sondern auch der einzige Millionär in den Reihen der deutschen SPD, aber galt Zeit seines Lebens in Berlin wegen Waffengeschäften auf dem Balkan als zwielichtige Erscheinung. Er dürfte als Mäzen, dem vor Joseph Goebbels die Insel Schwanenwerder gehörte, sehr einflußreich gewesen sein, und zahlte gute Autorenhonorare. Dr. Helphand residierte ab 1915 drei Jahre in Kopenhagen und handelte für die deutsche Reichsregierung als Berater in russischen Revolutionsangelegenheiten. "Parvus" spann von dort aus mit Wissen des deutschen Außenministeriums und ihres Kopenhagener Botschafters Ulrich Graf Brockdorff-Rantzau "Export"-Kontakte nach St. Petersburg. Er hatte den plombierten Zug Lenins, wie Stefan Zweig einst meinte, in einer "Sternstunde der Menschheit" bei der deutschen Regierung angeregt, aber auch die Friedensfühler für eine Stockholmer Friedenskonferenz ausgestreckt, die Scheidemann und Ebert mit Wissen und Ermutigung des noch kaiserlichen Berlins im Juni 1917 von

---

[83] Die französische Sureté Nationale hielt diese Treffen von 1921/22 irrtümlich für konspirativ, so Moskauer Sonder- oder Osobij Archiv-Akte 7/1986/1/S. 232.

Kopenhagen aus erreichen sollten[84]. Darüber hinaus hatte die bolschewistische Partei schon vor dieser Zeit und wohl auch später beträchtliche Summen aus der kaiserlichen Reichskasse erhalten. Eine Quittung Dr. Helphands hat sich zufällig erhalten:
"Habe am 29. Dezember 1915 eine Million Rubel in russischen Banknoten zur Förderung der revolutionären Bewegung in Rußland von der deutschen Gesandtschaft in Kopenhagen erhalten
Dr A Helphand"[85]

Graf Brockdorf-Rantzau wurde zwei Jahre später Außenminister in Scheidemanns Kabinett. So spielte Kopenhagen schon lange eine gewisse Rolle in Scheidemanns politischem Denken. Dänemark war zwar englandbefreundet, die dänischen Sozialdemokraten blieben jedoch während des Ersten Weltkriegs, so weit sie es vermochten, freundschaftlich zu deutschen Gewerkschaftern und Sozialdemokraten. Sie bewahrten Scheidemann bis 1939 stets ihren guten Willen. Die Vorliebe Scheidemanns für den guten Geist Kopenhagens gehört als Topos zum Vermächtnis des Reichsministerpräsidenten a.D.

3.3 Revisionismus: Memoiren Band I, II und III

Nun hatte ein anderer Verlag sich der Arbeiten von Staatsmännern angenommen, der Carl Reissner Verlag zu Dresden, der auch in Berlin ein gutes Renommé besaß. Auch während der Jahre 1928-32 stellte er ein von dem Inhaber Harry Schumann gut geführtes Unternehmen dar. Hier wurden die Schriften von Staatsmännern wie Friedrich

---

[84] Dazu hat sich ein Schreiben des Parteivorsitzenden der SPD, datiert Kopenhagen 9. IV. 1917, erhalten, das bei Winfried B. Scharlau/Zbynek A. Zeman. Freibeuter der Revolution Parvus-Helphand. Eine politische Biographie. Verlag Wissenschaft und Politik. Köln 1964, S. 80, handschriftlich wiedergegeben ist:
"Werter Genosse Parvus!
Wir müssen morgen nach Berlin zurück. Falls Sie mit russischen Genossen zusammentreffen bevollmächtigen wir Sie, in unserem Namen zu sprechen soweit es sich um die Fragen handelt die wir wiederholt in Ihrer Wohnung eingehend erörtert haben.
Wir schenken Ihnen volles Vertrauen und sind überzeugt dass Sie alles tun werden, was in Ihren Kräften steht, um die russischen Genossen von unseren besten Absichten zu überzeugen.
Wir wünschen guten Erfolg und bitten Sie, die russischen Genossen zu grüßen.
Im Einverständnis mit Scheidemann und Bauer
Ihr   Fr Ebert"

[85] Handschriftlich wiedergegeben bei W. B. Scharlau/Z. A. Zeman, wie in Anmerkung 15, vor S. 289.

Ebert, Walter Rathenau und Gustav Stresemann herausgegeben[86].

Scheidemanns "Memoiren" konnten zwei Jahre nach ihrem Erscheinen in einer einbändigen Volksausgabe vorgelegt werden. In seinem Vorwort von 1930 kündigt sich eine schärfere Tonart genüber derjenigen von 1928 an. Es wurde dem Leser klargemacht, daß der ehemalige Staatssekretär, Reichskanzler und Oberbürgermeister Kassels mit seiner eigenen Partei, für die er sich seit 1883 abrackerte, ein Hühnchen zu rupfen hatte. Wir werden unten auseinandersetzen, daß der dritte Band seiner Memoiren die eigentlichen Gründe noch unverblümter klarstellt.

Ursprünglich hatte der Autor, der nun ohne Helphands Hilfe schrieb, die Vollendung seiner Memoiren wegen der Abhandlung im Ebert-Gedenkwerk ein paar Monate zurückgestellt. Es wird ihm angesichts der anderen Beiträge zum Ebert-Band klar geworden sein, daß er nun bei der Bewahrung seiner eigenen Erinnerungen den enggesteckten Rahmen der Parteidisziplin verlassen mußte, und so arbeitete er voller Kraft an seinen eigenen Memoiren und veröffentlichte sie ein halbes Jahr später. Er war, summarisch festgehalten, von 1913 bis 1930 weit über die deutschen Grenzen als politischer Schriftsteller anerkannt.

Die Brisanz der Ergänzungsschrift liegt darin, daß ihr Verfasser sich vor Ausbruch des Zweiten Weltkrieges eine Frage vorlegte, die sich ihm in dieser Schärfe früher nicht gestellt hatte. Ab 1936 beschäftigte ihn mit zunehmender Selbstkritik die Frage, ob die SPD, die von allen deutschen Parteien am meisten "gefesselt" war, "1918 oder 1932 oder 1918 und 1932 versagte? Aus dieser parteikritischen Blickrichtung wird es deutlich, warum die Führung der SPD in den fünfziger Jahren die Zeit nicht für gekommen ansah, eine solch schonungslose Kritik ihres ehemaligen Parteiführers veröffentlicht zu sehen. Das Manuskript spricht nämlich Partei-Interna so unverblümt aus, daß die

---

[86] Ferner von Kerenski, Aristide Briand, Henry Ford, aber auch von dem abenteuerlichen Abd el Krim, dem Philosophen Ernst Haeckel und den Künstlern Käthe Kollwitz, Mary Wigman, Heinrich Zille, Alfred Kubin, George Grosz und Roda Roda. Es gab auch Verhandlungen zwischen dem Verlagsinhaber und dem Reichskanzler Joseph Wirth vom 1. März 1930. Jener fragt Wirth nach "einer Publikation aus [Ihrer] Feder", Osobij Archiv 593/ b 57 c.
Der Verlag erwarb sich auch bleibende Verdienste um die deutsche Literaturgeschichte, indem er unter dem Pseudonym Bjarne P. Holmsen das epochemachende Werk "Papa Hamlet" von Arno Holz und Johannes Schlaf herausbrachte. Es gab den Anstoß zur "naturalistischen Revolution". Wegen der Würdigung Scheidemanns muß sich unsere Diskussion bewußt bleiben, daß sich Politiker damals im Gegensatz zu heute in einem schöngeistigen Rahmen bewegten. Scheidemann gehörte zu den Politikern mit literarischem Flair. 1940 ging dieser Verlag an den Oswald Arnold Verlag über, der 1961 im Handelsregister gelöscht wurde.

Parteizentrale bremsend reagierte. Hatte sie doch schon 1928 auf das Erscheinen der Erst- und der Volksausgabe empfindlich reagiert. Sie hatte sie nämlich im "Vorwärts" nicht angezeigt, was nach Scheidemanns rückblickendem Urteil einem "Boykott" gleichkam. Trotzdem soll die Nachfrage nach dem Buch lebhaft gewesen sein mit einer bedeutsamen Ausnahme, die Scheidemann in seinem Taschenbüchlein vermerkte. Er "stiftete" seine Memoiren nicht nur den SPD-Politikern Alfringhaus, Altmeier, Baake, Landsberg, Lauffer und Reitz, sondern auch der SPD-Fraktion, die sie nicht besaß und auch nicht zu besprechen wagte. Warum sollte sie sich nun auf die befürchteten Enthüllungen freuen?

In gewissem Sinne stellt der unveröffentlichte sog. dritte Band einen Ausschnitt aus der Parteigeschichte der SPD-Führung dar, enthält aber andererseits ein Stück Revolutionsgeschichte. Der Aufbau dieser Schrift möge diesen Gesichtspunkt verdeutlichen. Das Material zerfällt in drei Abschnitte und zwölf Punkte[87]:

Erster Abschnitt: <u>Einleitung</u>	1
1. <u>Die Ursachen der Krise</u>	4
2. Des Krieges Ende	17
3. Frh. v. Hertling ging und Prinz Max kam	19
4. <u>Friedrich Eberts Taktik</u>	22
Zweiter Abschnitt:	
5. <u>Zwei Perspektiven</u> vom 9. November 1918	32
6. <u>Exkurs</u> Der grosse Unterschied	57
7. Die Ministerwahlen in der Fraktion	59
8. <u>Das Repräsentative beim Reichspräsidenten</u>	62
Dritter Abschnitt:	
9. Der Kampf um das Versailler Diktat	67
10. Verhängnisvolle Fehler Eberts	83
11. Der Putsch Kapp-Ludendorff	89
12. Resumé	102

Gesamtmanuskript 118 plus 7 a, 14 a-cc (= 6 S.) =   125

Der Aufbau dieser Schrift entspricht weitgehend der Einteilungsart, die er bei seinen zweibändigen "Memoiren eines Sozialdemokraten" verwendet hatte. Daher benutzen wir

---

[87] Die fortlaufende Numerierung 1-12, die Abschnittsunterteilung und die zwar durch Absetzung vermerkten, nicht aber mit einer Überschrift versehenen Kapitel 1,4,8 sind durch den Herausgeber konstituiert. Die fehlenden Überschriften sind mit Zustimmung der Nachlaßverwalterin eingefügt worden.

mit einer gewissen Berechtigung "Abschnitte" als Einteilungskriterien ohne nähere Bezeichnung wie Scheidemann in seinen Memoiren. Ein weiterer Vergleich kommt jedoch zu der Einsicht, daß es sich nicht wirklich um einen vollständig abgeschlossenen dritten Band handelt, sondern um ein Konvolut[88], denn: Abschnitt I,1 paßt in den sehr kurzen zehnten Abschnitt des Ersten Bandes der Memoiren; I,2 in den dreizehnten bis vierzehnten Abschnitt; der Reichskanzlerwechsel (I,3) paßt in den fünften und sechsten Abschnitt des Zweiten Bandes der Memoiren. Der Rest des 4. Abschnitts (I,4 oben) setzt das Ende des siebten Abschnitts vom II. Band fort. Der dritte Abschnitt, 9-11, bildet ein ganz neues Kapitel und müßte in einer kritischen Ausgabe an das Ende des Zweiten Bandes angefügt werden[89]. Letztlich handelt es von der SPD und dem Überleben der Demokratie in Deutschland bis 1932.

"In dieser Schrift soll geprüft werden, ob die nach der faschistischen Gestaltung Deutschlands von allen Seiten gegen die deutschen Sozialdemokraten und ihre Leitung erhobenen Vorwürfe gerechtfertigt sind oder nicht" (Satz 1, S. 1).

In das Gerüst der SPD-Führungs-Geschichte werden einige wichtige Episoden oder Vorgänge, die letztlich alle auf verschiedene Weise zum Umsturz beitrugen, eingefügt. Scheidemanns Bericht führt dem Leser zwei Perspektiven vor Augen, die des "insider", gesehen aus dem Blickwinkel der Jahre 1911-1919, und des "outsider" bezüglich der herausgegriffenen Ereignisse von 1920-1934 (S. 1). Er dient, kurz gesagt, der "Aufklärung der Jüngeren" (2). Scheidemann muß wegen der Kritik anderer "Parteigrößen" gleich anfangs einräumen:

"Von ganz wenigen Ausnahmen abgesehen, hat der "Vorwärts" viele Jahre lang eine andere Meinung als die, die jeweils von der Parteileitung für richtig gehalten wurde, nicht vertreten." (S. 5) "Nicht abgestempelte Parteigrößen kriegen ihre Manuskripte - und hätten sie europäisches Format und Namen von internationalem Klang - mehr oder weniger höflich zurückgereicht. Kritik gibt es nicht."[90]

Der "Vorwärts" wäre eher ein Parteileitungsorgan als eine Berliner SPD-Zentrale-Zeitung gewesen (S. 7). Der Chefredakteur, Friedrich Stampfer, leitete ihn

---

[88] Scheidemann kommt uns bei dieser Einsicht insofern entgegen, als er die einfügbaren Kapitel mit einer rubrizierenden Überschrift versieht, die neuen Kapitel überschriftslos beläßt.
[89] Eine kritische Ausgabe der Memoiren müßte mit anderen Worten die Zweiteilung der Bände beibehalten. Man könnte auch den von Scheidemann so genannten "zweiten Zusammenbruch von 1932" besonders setzen oder als Nachwort dem [Ersten] "Zusammenbruch" von 1918, der in Buchform 1921 erschien, hinzufügen.
[90] Scheidemann zitiert auf S. 6 so den Herausgeber der "Sozialistischen Korrespondenz" Dr. Schützinger aus der Zeit von etwa 1926-28, der offenbar mit Friedrich Stampfer seine Erfahrungen gemacht hat, von denen Scheidemann wußte.

unangefochten durch den ganzen Ersten Weltkrieg bis 1933 und sogar noch vom Prager Exil aus als "Neuen Vorwärts". Diese ununterbrochene Kontinuität im Tenor der Einstellung moniert der journalistische Kritiker Scheidemann am Ende seiner Einleitung als "über das Begriffsvermögen hinausgehend" (S. 7a). Er setzt ausgiebig auseinander, daß die Parteistruktur der SPD bis 1933 schwerfällig (9), ja so wenig bewegungsfähig gewesen sei, daß er sie "von allen deutschen Parteien für am meisten gefesselt" (S. 9) hielt.

Trotzdem verteidigt er die langfristige Verbindung zu den sozialistischen Parteien der Entente-Länder. Denn:

"Die Früchte, die Stresemann aus dem Genfer Treibhaussegen heimbrachte, waren reif, weil die SPD rechtzeitig für die richtige Temperatur und die entsprechende Lüftung wohlweislich vorgesorgt hat" (11-12).

Der Leser bemerkt am drastischen Stil des politischen Journalisten Scheidemann, daß es ihm hier wie oft auf die schlagende Pointe, nicht auf die Herleitung der Argumentationskette angekommen ist. Aus Platzgründen wird der Verfasser im Folgenden aus den Abschnitten 2-12 jeweils solche Informationen herausgreifen, die den Leser von heute im Sinne des Autors noch "aufklären". Man erfährt zum Beispiel, daß die kaiserliche Reichsregierung gegen Ende des Krieges im Gegensatz zu den Ententeregierungen ihren Sozialdemokraten, auch den Unabhängigen, die gegen die Kriegskredite[91] gestimmt hatten, bereitwillig Pässe ausstellte und gute Wünsche zu Friedenskonferenzen mitgab (17-18) Scheidemann sei "wohl zur Strafe seiner Widerborstigkeit" zum Eintritt in das Kabinett des Prinzen Max bestimmt worden (23). Die Abstimmung sah zunächst vor,

"ob die Fraktion sich im Falle, daß Prinz Max von Baden Reichskanzler wird, nicht an der Regierung beteiligen solle. Die Nichtbeteiligung wurde gegen wenige Stimmen abgelehnt, gegen 7 Stimmen stimmte sodann die Fraktion dem Eintritt von Parteigenossen in die Regierung zu. Die zwei Minister ohne Portefeuille, wie die Fraktion sie vorgeschlagen habe, sei ebenfalls bewilligt."[92]

Scheidemann fragt sich, ob etwa die SPD-Fraktion gerade an dieser politischen

---

[91] Nach ZK II 145/8, die in der Akte als "Sammlung Scheidemann" geführt wird, hätte die SPD-Fraktion am 22. 3. 1918 die Kreditbewilligung mit 40 gegen 14 Stimmen, am 12. 7. 1918 dieselbe gegen 7 Stimmen beschlossen.
[92] Akte II 145/8 S. 12 zum 2. 10. 1918. Namen zum Wahlvorschlag werden nicht genannt. Ab S. 13 gibt es einen Bruch im Ms., das erst ab S. 24 (ursprünglich numeriert OOO8O [dann durchgestrichen!]/ 45 S.14) in der selben Schreibmanier fortfährt. Im Mai 1919 gibt es weitere Brüche.

Selbstdisziplierung zu weit gegangen sein könnte? (23) Sie ging jedoch nicht mit jedoch diesmal auch Eberts Taktik konform, seine Fraktionskollegen über Gespräche mit Prinz Max[93] zu informieren, so daß nur bei ihm die Fäden zusammenliefen (30ff.). Prinz Max hätte (so meinte Scheidemann in seinem revisionistischen Späturteil) "ein Theater aufgezogen" (37), um seinen "Nachfolger" zu bestimmen. "Nur Ebert nahm das alles sehr ernst" (37): "Ich bin im Begriff, die neue Regierung im Einverständnis mit den Parteien zu bilden"(37), sagte er zu Scheidemann. Auch die Regenten-Nachfolge-Frage nahm Ebert damals noch sehr ernst, Scheidemann hielt sie für "erledigtes monarchistisches Gerümpel" (38). Scheidemann betont, Ebert habe über das Ende des Krieges und seine historische Bedeutung das Fingerspitzengefühl gemangelt (39). Auf S. 44 geht der alte Kritiker sogar so weit, Ebert zu unterstellen, er habe die SPD "terrorisiert", woran man ablesen könne, "wie eine große und starke Partei ... mit kleinem politischen Horizont und mit keinem historischen Sinn zugrundegerichtet werden kann". Dies ist wahrscheinlich die stärkste Ebert-Kritik der ganzen nachgelassenen Schrift.

Ebert hätte spüren müssen, "daß er während seiner ganzen Präsidentenzeit der Gefangene der Reichswehr gewesen ist" (45). Sicherlich ist es auch von politischem Interesse zu erfahren, daß, "je intimer das Verhältnis Erzbergers[94] zu Ebert geworden war, umso gespannter wurde es zum Verfasser" (46).

In einem Exkurs (2. Abschnitt, 6) stellt Scheidemann die Positionen der Mehrheitssozialisten, von den Nazis "Novemberverbrecher" genannt, der Praxis Hitlers in jeweils 14 bzw. 15 Punkten gegenüber.

Auf S. 60 ergänzt Scheidemann eine in seinen Memoiren auf S. 357 des II. Bandes unterdrückte Bemerkung, die Ehrhard Auer (München) in Weimar zur Nominierung eines SPD-Kandidaten für das Amt des Reichspräsidenten gemacht habe. "In der Fraktion ... erwartet man allgemein die Wahl Scheidemanns, besonders, seitdem man weiß, daß Ebert die Ausrufung der Republik sehr scharf mißbilligt hat". Ebert hatte mit niemandem eine Abmachung getroffen, sondern die Meinungsverschiedenheit, auf die wir oben eingingen, bestehen lassen. Es ist kaum zu bezweifeln, wer innerfraktionell bevorzugt worden wäre, aber Scheidemann wollte im Gegensatz zu Ebert diese Rolle

---

[93] Wie vorher schon nicht über diejenigen mit General Groener.
[94] Den Scheidemann für "politisch sprunghaft wie ein Eichhörnchen" hielt (S. 81).

nicht spielen. Ebert hätte sich damals Scheidemann offenbar nicht mehr unterstellen wollen. Insofern bekommt der Satz, mit dem Scheidemanns Kapitel "In Weimar"[95] ausklingt, einen stark ironischen Unterton. Man kann also jetzt die Rivalität, die von den Forschern bisher nur vermutet wurde, besser verfolgen. Es gab sie sicherlich. Ebert hätte es nicht gut ertragen können, daß die Presse über Scheidemanns Reden statt über die seinigen berichtete (68-69). Redete Ebert wirklich zu viel? "Es ist ein anmaßender Übergriff des Herrn Ebert, sich in die Politik einzumischen", tönte "Die Freiheit", das Organ der Unabhängigen, am 2. Juni 1919. (69).

Scheidemann schließt sich im übrigen bei der Abwertung der SPD-Führer-Qualitäten durchaus nicht aus, sondern im Gegenteil selbstkritisch ein: "Wir haben nicht nur das Volk und ihre Erwählten überschätzt, wir haben leider auch wirkliche politische Führer nicht gehabt. Wir hatten ausgezeichnete Organisatoren, sehr gute Parteisekretäre, viele hervorragende Redner und einige gute Journalisten, aber nicht einen einzigen wirklichen Führer seit dem Tode Bebels" (80).

Im vorletzten Abschnitt führt er auf S. 89-102 aus, daß die Verstrickung Ludendorffs in den Kapp-Putsch es rechtfertige, von einem Putsch Kapp-Ludendorff zu sprechen[96]. Ein besonderer werkbiographischer Aspekt ist dabei von Wichtigkeit. Ebert arrangierte hastig das Ausweichen der Regierung nach Stuttgart, ohne dafür vorher einen Fraktionsbeschluß herbeizuführen. In Stuttgart sollte dann die Fraktion, was die baldige Demission Noskes[97] betraf, vom Reichspräsidenten "ganz offenbar getäuscht werden". Ebert hatte in dieser Hinsicht dem Drängen der Aufständischen nachgegeben. Nach diesen unerfreulichen Stuttgarter Auseinandersetzungen galt Scheidemann in den Memoiren nach eigener Darstellung seit 1920 gegenüber der Ebert-Faktion als "desavouiert" (II. Band 404), jetzt aus der Rückschau von 1938 als "abgekanzelt", ja unter dem "großen Bannfluch" stehend (94).

Der dann doch als Nachfolger Noskes zum Reichswehrminister ernannte Otto Gessler

---

[95] "[Ebert] war nicht nur ein gescheiter, sondern auch ein energischer Politiker", Memoiren, Zweiter Band, S. 358.
[96] Im Vergleich zu hier zitiert er in seinen Memoiren, II. Band, auf S. 388-410 seine Rede in der Stuttgarter Nationalversammlung am 18. 3. 1920 ausführlicher. Hier im III. Teil werden Absätze 2, 3, 5 u. 7 (außerdem umgestellt von 9 an 7) und das Ende von Absatz 14 gekürzt.
[97] Der von Scheidemann eigenhändig durchkorrigierte "Auftrag zur Sicherung der Regierung in Berlin" vom 6. Jan. 1919 an den damaligen Volksbeauftragten Gustav Noske, unterzeichnet von Ebert, Scheidemann und Reinhardt, hat sich erhalten in ZPA NL 56/3. "Befehl zu angriffsweisem Vorgehen zur Wiedergewinnung ... behält sich die Regierung vor." Man sieht, Noske wurde ursprünglich an die Kandare gelegt.

(DDP) machte die Reichswehr immer reaktionärer und republikfeindlicher (95). Für Wehrverbände wurden Gelder sogar von lokalen Handelskammern wie derjenigen Kassels gesammelt oder besser gesagt eingezogen. "Die Vorläufer der SA und der SS konnten weitere Gelder sammeln" (98) schlimm, daß die SPD-Reichsregierung unter Hermann Müller-Franken sie nicht daran hinderte! Statt daß der Reichspräsident Neuwahlen des Reichstags gefordert hätte, um eine weniger rechts gesinnte Volksvertretung zu erhalten, berief er, wie Scheidemann ausführt, "auf unverantwortliche Weise" (101) den Parteilosen Wilhelm Cuno (1876-1933) zum Reichskanzler.

In seinem zwölften und letzten Abschnitt resümiert der Ministerpräsident a.D., daß es auf Seiten der SPD 1919-1923 einen zweiten politischen Zusammenbruch gegeben habe.

"Die bürgerlichen Vertreter mit den vielen Koalitionsregierungen waren jedoch nicht nur gegen den Sozialismus, sie waren auch nur halbe, viertele oder gar nicht Anhänger einer ernsthaften Demokratie. Daraus erklärt sich die sträflich schlappe Haltung aller Koalitionsregierungen gegenüber den Reaktionsparteien, zuerst also der Deutschnationalen, nachher der Nationalsozialisten" (107). Auch die Beamtenschaft spielte eine unheilvolle Rolle (108).
"Selbst die Mitglieder der Demokratischen Partei und des Zentrums waren zu wenig republikanisch gefestigt, zu altmodisch schwerfällig, zu phantasielos, zu verkalkt" (109).
"Daß die SPD genial geführt worden ist, wird niemand behaupten, daß die Gewerkschaften schlecht geführt worden sind, wird niemand bestreiten wollen" (112).
"Niemand hat in Deutschland einer wirklich revolutionären Entwicklung mehr geschadet als die Kommunisten mit ihrem blöden Geschrei, das sie schon für revolutionäre Tätigkeit hielten" (113).
"Die deutsche Republik ist zugrunde gegangen vornehmlich infolge der in dieser Schrift gewürdigten objektiven Ursachen, die zu beseitigen nicht in ihrer Macht gelegen hat. Daß die Republik dem Faschismus ohne die geringste Gegenwehr in die Hände fiel, ist zurückzuführen auf die Zersplitterung der deutschen Arbeiterklasse, auf die Unfähigkeit der republikanischen Regierungen und die nicht minder große Unzulänglichkeit der Arbeiterführer, gleichviel, ob sie nun als Sozialdemokraten, als Kommunisten oder Gewerkschafter versagten" (letzter Absatz, S.118).

3.4 Die richtige Voraussage über Adolf Hitler

"Hitlers Politik führt zum Neuen Weltkrieg. Von einem europäischen Staatsmann. Verlag von v v v v v v New York 1937", betitelt anonym als "Warnung eines deutschen Freiheitskämpfers"[98], ist von Scheidemann verfaßt. Das vom Autor (C.G.)

---

[98] Die Überschrift 'Freiheitskämpfer' in Abschnitt 2.8 stammt also von Scheidemann selbst.

im PPS gefundene Typoskript trägt auf den Seiten 1, 21, 22, 23, 34 und 37 mehrere eigenhändige Korrekturen von Scheidemann. Seine charakteristische Handschrift ist daran zweifelsfrei zu erkennen. Außerdem enthält es als Beilage einen Brief an seinen Freund Ludwig Lore[99] vom 2. Aug. 1937 aus Kopenhagen, der ihn dort im Monat Juli besucht hatte. Es heißt in diesem beigelegten Brief: "Damit übergebe ich Ihnen in je zwei Exemplaren die 37 Seiten."
Es handelt sich bei der dritten Kopie um eine kommentierte Sammlung hitlerischer Sprüche, die sich nach Länge, Eindringlichkeit und Preisvorstellung auf den Massengeschmack einstellt. Hitler wird hier, was oft versäumt worden ist, direkt beim Wort genommen. Ob es etwa zu einer Ausgabe auf Englisch oder mindestens zu einer internen Regierungsübersetzung in USA gekommen ist, konnte vom Herausgeber dieser Werkbiographie nicht festgestellt werden.
Es sei die Aufgabe seiner Schrift über Hitler, meint Scheidemann, ein solches Bedürfnis nach Klarheit im Ausland zu befriedigen (S. 1). Der Nazismus wird drastisch mit "Pest und Cholera" verglichen (S. 2), gegen die ein "möglichst wirksamer Seuchenschutz" eingeführt werden müßte.
Scheidemann beginnt mit der These: "Hitler lebt von der Angst der anderen", und zwar "innenpolitisch von dem barbarischen Terror, den er ausübt, außenpolitisch von der Angst der Großmächte vor einem Krieg" (S. 3). "Die Folge der Diktate, die die Entente-Staaten der damaligen demokratischen deutschen Republik[100] aufgezwungen haben, heißt Hitler" (S. 3). "Er ist in seinen Entscheidungen noch weniger gehindert, als jemals vor diesem ein Despot" (S. 4). "Ganz Deutschland war in eine große Kriegswerkstätte umgestellt. Die Vorbereitung für den Krieg ging in fieberhafter Eile vor sich und wurde schließlich ganz öffentlich betrieben" (S. 6). "Aber in seinem totalen Staat bereitet Hitler auch zum totalen Krieg[101] vor."
Dann zeigt Scheidemann, wieso keine Macht der Erde Hitler trauen könne, geschweige denn Verträge mit ihm abschließen dürfe, wenn er wolle, daß solche Pakte gehalten

---

[99] Dessen Anschrift 20 Jahre vorher 15 Spruce Street in New York City gelautet hatte. Weder Nachname noch Anschrift sind hier angegeben. Vgl. das im PPS-Nachlaß erhaltene Notizbüchlein seiner USA-Reise von 1913.
[100] Es ist interessant zu vermerken, daß Scheidemann dem später 1949 adoptierten Staatsnamen der DDR sehr nahe kommt.
[101] Auch dieser Ausdruck aus der Goebbelsrede von 1945 stammt also schon von Scheidemann.

werden würden. Hatte Hitler nicht bereits in seinem "Putschprozeß vor dem Münchener Volksgericht" gesagt und später in tausend Volksversammlungen wiederholt: "Die Erhaltung des Weltfriedens kann nicht Ziel und Zweck einer Staatenpolitik sein" (9).

Nach längeren Zitaten aus Hitlers "Mein Kampf", führt Scheidemann die Stelle an, in der Hitler bereits 1923 gemeint hatte, Deutschland könne wohl schon "Herrin des Erdballs" sein, wenn nur die Vorgänger Hitlers eigene Hochintelligenz und Infallibilität besessen hätten[102]. Und dann prasselt es nur so von hohlköpfigen Phrasen Hitlers: Frankreich ist der weitaus furchtbarste Feind Deutschlands, weil es immer mehr vernegert (S. 13, 16)! Den Russen das Land wegnehmen! Südtirol kann nur durch Waffengewalt zurückgewonnen werden! England muß gewonnen werden! (S. 17) "Staatsgrenzen werden durch Menschen geschaffen und durch Menschen geändert"[103]. Das von Hitler dominierte Deutschland könne also erst nach Niederwerfung Frankreichs und Rußlands "Herrin des Erdballs" werden (S. 20). "Das sind die beiden Etappen, die zurückgelegt werden sollen. In einer im Frühjahr 1935 in München gehaltenen Rede habe der Führer frohlockt:

"Die Parteien sind nicht mehr, die Parlamente sind nicht mehr, die Demokratie ist nicht mehr, der Parlamentarismus ist nicht mehr und die Presse der Parteien existiert nicht mehr" (S 26).

Die Hetze gegen die Juden ist nach Scheidemann das wirksamste Agitationsmittel der Nationalsozialisten gewesen (S. 28). Der erste antijüdische Geschäftsboykott wurde bereits am 1. April 1933 im ganzen Reich angeordnet und durchgeführt(S. 29). Je nachdem, wie nun das Geldbedürfnis der Nazisten in Deutschland war, wurde die Judenhetze etwas gebremst oder aber von neuem angefacht (S. 30).

In seinem Schlußwort entlarvt Scheidemann Hitlers Doppelzüngigkeit und Skrupellosigkeit. Hatte dieser doch seit Jahren angekündigt, daß er die von früheren Regierungen abgeschlossenen Verträge zerreißen oder umgehen werde (34). "Deutschland hat jetzt alles, was ihm verboten war, hat sogar die allgemeine Wehrpflicht eingeführt. Das ganze Dritte Reich gleicht einer einzigen Kaserne (35)".

Der Schlußsatz über die Verhinderung, daß Deutschland zur "Herrin des Erdballs"

---

[102] "Mein Kampf", Zweite Auflage, München 1930, Band S. 337/8. (Scheidemann Ms. S. 18).
[103] Ebd., S. 739/40.

werden könnte, lautet:

"Keine Zeit ist zu verlieren, denn das Deutschland Hitlers ist ein gemeingefährlicher Brandherd im Herzen Europas, ist das Pulverfass, das jeden Tag den neuen Weltkrieg entzünden kann". (37)

Diese mit "HPh"[104] abgezeichnete Schrift kehrt zu dem Artikel, den Scheidemann 1933 im Züricher "Volksrecht" veröffentlicht hat, zurück.

3.5 Würdigung seines Vermächtnisses

Es liegt nahe, zum Abschluß Philipp Scheidemann kurz mit den anderen Reichskanzlern seiner Ära, mit Michaelis, v. Hertling, v. Baden und Ebert, zu vergleichen, um sein Vermächtnis zu gewichten. Diese vier Reichskanzler, die ihm im Amt vorausgingen, regierten alle kürzere Zeit als er. Die vier Reichskanzler, die ihm folgten, Bauer, Müller-Franken (Kabinett I), Fehrenbach und Wirth regierten 9, 3, knapp 11, bzw. 18 Monate, also im Schnitt auch nur zehn Monate. Diese kurzen Kabinettszeiten vor und nach Scheidemanns eigener Amtszeit sollen illustrieren helfen, daß die Amtszeiten von 1917-19 nicht unbedingt auf das überstürzte Ablegen von Verantwortung hindeuten. Es waren eben hektische Zeiten.

Im Sinne Scheidemanns bemühten sich die beiden der SPD angehörenden Nachfolger im Amt, Gustaf Adolf Bauer und Hermann Müller-Franken, durch ihre Politik zur Revision des Friedensvertrags zumindest beizutragen. Kanzler Müller unternahm Anstrengungen, den Alliierten klarzumachen, daß die Gläubigermächte über die Zahlungsfähigkeit des Deutschen Reiches übertriebene Vorstellungen hegten. Sogenannte Kriegsverbrecherauslieferungen unterblieben letztendlich. Ob dies Dinge für das Volksbewußtsein damals zu- oder abträglich waren, ist eine andere Frage.

Die drei SPD-Kabinette waren den Zeitumständen entsprechende Übergangsregierungen. Man geht wohl mit dem richtigen Augenmaß heran, wenn man den beiden befreundeten Sozialdemokraten Scheidemann und Müller-Franken und nicht nur, wie M. Vogt dem letzteren den "Blick für die Gesamtzusammenhänge" zugesteht. Selbst der bekanntere Nachfolger Gustav Stresemann von der DVP blieb als Reichskanzler einer

---

[104] "Hendrik Philipp" = "Philipp Hendrik" sind Philipp Scheidemanns damals verwendete Pseudonyme.

Großen Koalition nur etwas mehr als einhundert Tage im Amt, bevor er gestürzt wurde. Schwierig wäre ein Vergleich zwischen Scheidemann und Heinrich Brüning, dem Münsterschen "Preußisch-nationale[n] Monarchist[en]", der als sogenannter "Notverordnungspolitiker" in die Geschichte eingegangen ist. Verachtete dieser nicht aus seiner elitären Haltung heraus das einfache Volk, das für ihn "Masse" war? Bekundete dieser Reichskanzler etwa Willigkeit "zur positiven Mitarbeit am 'neuen Staat'" wie Scheidemann mit ehrlicher Anstrengung vor ihm? Diese Frage muß hier offen bleiben.

Über den notorischen Mangel an politischer Moralität der beiden Kanzler, die Hitler unmittelbar vorausgingen, den Drahtzieher Kurt von Schleicher und den "Dompteur" der Nazis, Franz von Papen, beide autoritäre Handlanger des Illiberalismus und der Antidemokratie und selbstredend Verächter der Sozialdemokratie, braucht man hier kein weiteres Wort zu verlieren. Sie gehörten zu Hitlers Steigbügelhaltern.

Aus der Sicht seiner Zeitgenossen mußte sich Scheidemanns Wirken auf der Reichsebene ab 1920 überlebt haben. Eine durchschlagende politische Prägekraft gegen das Staatsverhängnis von Versailles hat bei keinem der damals maßgebenden Politiker ausgereicht, auch bei Scheidemann nicht. Wohl aber bleibt der Ausruf vom Parlamentsgebäude, und damit die Akklamation zurück zum Reichstag, ein Ruf in die Zukunft. Nicht wilhelminischer Machtrausch noch hitlerischer Blutrausch sollten die Zukunft bestimmen, sondern, wenn auch um Jahrzehnte verzögert, die Verheißung der Vernunft. Woran hätte Scheidemann ein Jahr vorher, 1917, erkennen sollen, daß die Vierzehn Punkte für das geschlagene Deutschland nicht als Selbstbestimmungsgarantie, sondern schlicht als Oktroi ausgelegt werden würden? Für die Besiegten hält die Geschichte kein fair play bereit. Wer wollte der Streiks und der politischen Morde anders als durch parlamentarisch überwachte Rationalität, wie Scheidemann sie einzuüben versuchte, Herr werden?

Wilson verhinderte nicht, daß die Ententepartner Deutschland in Versailles einen eher außerethischen Sonderweg aufzwangen, der ins Unheil führen mußte: das war Scheidemann, der ab 1919 ständig warnte, daß der Feind "rechts" stehe, mit zunehmender Schärfe klargeworden. Die Gefahren bewahrheiteten sich vierzehn Jahre später in Deutschland und an Scheidemanns eigenem Leibe, wie auch an Millionen Unschuldigen. Der Autodidakt Philipp Scheidemann blieb sich über den Untergang der

Demokratie in Deutschland und der Machtergreifung ab 1933 hinweg treu. Er hat mit seinen Aufsätzen auch noch im Exil versucht, die üblen Wirkungen des Umsturzes einzudämmen. Vergeblich!

Für Philipp Scheidemann, Friedenspolitiker schon während der militanten Kaiserzeit und während der ganzen Weimarer Republik, hielt die Politik seiner Gegner keine friedliche Versöhnung bereit. Das war sein politisches Dilemma.

Um die Langzeitwirkung seiner politischen Beredsamkeit ist es hingegen besser bestellt. Als sozialsprachlich begabter Journalist und Zeitkritiker stehen Philipp Scheidemann und sein Vermächtnis in der großen Reihe seines Vorgängers August Bebel (1840-1913) und dessen späten Nachfolgers Willy Brandt (1913-1992).

Das Rufen nach der Lebenskraft der "Deutschen Republik" erscholl nicht nur von einem aufgestoßenen Fenster in die wirbelige Zeit Berlins. Es floß aus dem Herzen und dem Verstand eines lebendigen Sprachkämpfers, der sich mit dem Problem des inneren Landfriedens schon lange abgemüht hatte. Es hat sich im Moskauer Sonderarchiv (=Osobij Archiv) eine Broschüre überliefert mit dem Titel "Zeitgenossen zum Freiburger Pressefest 1924"[105], aus denen wir drei hervorragende Zeitgenossen zum Abschluß gemeinsam zitieren wollen. Wir rahmen dabei bewußt Scheidemanns mottoartigen Gedenkspruch als denjenigen eines Weltkinds in der Mitten zwischem dem pessimistischen Tenor Georg Kaisers[106] und der tiefsinnigen Weisheit Heinrich Manns[107] ein:

    Nr. 39 (G.K.):   "Wie wirkungslos alle Aktionen
                               von Staat gegen Staat verpuffen."

    Nr. 43 (Ph.Sch.): "Republik oder Reichszerfall -
                               Republik oder Anarchie!" [108]

---

[105] Gedenksprüche in Faksimile. Offsetdruck Mannheimer Vereinsdruckerei.
[106] (1878-1945). Dieser war damals vor Brecht der meistgespielte Dramatiker Deutschlands, vgl. Ernst Schürer, Metapher, Allegorie und Symbol in den Werken G. K.s. Diss. Yale 1966.
[107] (1871-1950). Abgesehen von der unterschiedlichen literarischen Bedeutung der Gebrüder Mann, gab es auch einen charakteristischen Unterschied in der Frage ihres Einsatzes für verfolgte Ko-Literaten. Als Ernst Toller aus bayerischer Haft den Proben seines Anfang 1922 im Großen Schauspielhaus Berlin einstudierten Stückes "Maschinenstürmer" beiwohnen wollte, unterschrieben Scheidemann (obwohl er Toller persönlich nicht unbedingt schätzte) und Heinrich Mann dieses Gnadengesuch, weil "zugleich das Ansehen der deutschen Kultur auf dem Spiele steht". Thomas Mann lehnt seine Unterschrift am 26. IV. 22 mit einer gewundenen Ausfluchtserklärung ab: P 90 Ha4/ 398.
[108] Die gesamte Gedenkeintragung hat 10 Zeilen. Die zwei zitierten Spruchzeilen sind jedoch deutlich abgesetzt.

Nr. 73 (H.M.): "Der Kampf um die Menschenwürde
ist der Weg des heiligen Geistes."

Die politische Erscheinungsweise der Anarchie wurde durch Hitlers Machtergreifung für zwölf Jahre in eine Diktatur umgewandelt. Scheidemann hat ihr Kommen mit allen seinen Kräften bekämpft. Diesen Kampf um Deutschlands demokratische Zukunft, nicht aber seine Integrität, hat er verloren.

VIERTER TEIL: Dokumentation

4.1 Verzeichnisse und Nachweise

Abkürzungen

A u S	Arbeiter- und Soldatenräte
Abg.	Abgeordneter
DDP	Deutsche Demokratische Partei
FVP	Freie Volkspartei
IFA	Interfraktioneller Ausschuß des Reichstags
MdR	Mitglied des Reichstags
MSPD	Mehrheitssozialdemokratische Partei Deutschlands
OB	Oberbürgermeister
OHL	Oberste Heeresleitung
RM	Reichsministerpräsident
PPS	Privatarchiv Pirschel-Scheidemann
RSHA	Reichssicherheitshauptamt
RT	Reichstag
SOPADE	SPDeutschlands im Exil
SPD	Sozialdemokratische Partei Deutschlands
USPD	Unabhängige Sozialdemokratische Partei Deutschlands
WRV	Weimarer Reichsverfassung
Zentrum	Zentrumspartei
ZPA	Zentrales Parteiarchiv ehem. der SED, jetzt der PDS

Ungedruckte Quellen

1. Bundesarchiv-Abteilungen Potsdam, Berlinerstr. 98-101

PSt 3/ 43 (RSHA)
PSt 3/ 258   "
PSt 3/ 485   "
St 8/ 11
St 11/ 9
St 45/ 7
St 3/ 850
St 3/ 964
RA-RKz II 2/ IV Rev
RA-RP 192/ 90
Nachlaß W. Blos
Nachlaß Conrad Haenisch
Nachlaß Paul Löbe
Nachlaß Otto Buchwitz
Nachlaß Paul Nathan

2. Verbund-Archiv beim Parteivorstand der PDS: ehemals Institut für Geschichte der Arbeiterbewegung - Zentrales Parteiarchiv beim ZK der SED, Wilhelm-Pieck-Str. 1, Berlin [bis 1955 Teil des Osobij-Archiv-Bestandes]:

NL 110/ 8
NL 56/ 3
NL 95/ 55
NL 1/ 42
NL 55/ 6-220
NL 222/ 2Ü/ 43K
NL 126/ 7-16
MA 70/ 19
Ms 56/ 30
VSUF/ 67-147 V
236/ 1/ 2
I2/ 3/ 394
I6/ 2/ 67
II 145/ 8
NL 34/ 50Ü/ 184

3. Sammlung Privatarchiv Pirschel-Scheidemann

Die dem Verfasser freundlicherweise zugängliche Sammlung enthält, noch nicht systematisch geordnet, Bücher, die übrig gebliebenen Broschüren, zahlreiche Zeitungsaufsätze, einige Privatbriefe und Photos sowie persönliche Dokumente, zwei

Notizbüchlein von 1913 und von 1925-33, als auch die im Literaturverzeichnis aufgelisteten Nachlaßmanuskripte, aus denen zitiert werden konnte. Es ist eingerahmt von Scheidemanns ab 1934 neu entstehender Bibliothek sowie seinen Klassikern.

4. Archiv der sozialen Demokratie, Friedrich-Ebert-Stiftung, Bonn-Bad Godesberg, Godesberger Allee 149

Fritz Heine Ordner Nr. 54 (z.Zt. nicht auffindbar).

Nach freundlicher Auskunft von Herrn Fritz Heine enthält er folgendes Material:

Interfraktionelle Sitzungen Okt./Nov. 1917; Notizen 1917/18; Zeitungsausschnitte; Angelegenheit Sklarz; Handschriftliches; Sitzungsnotizen zu 1918/19; "Kasseler Konflikte"; Unterlagen zu den Memoiren; Briefe von und an Scheidemann; Scheidemann und die Internationale; Sonstiges; "Ebert und Scheidemann"

Zwei nicht zugängliche, in den Fünfziger Jahren ohne Genehmigung der Nachlaßverwalter hergestellte photographische Kopien (s.u. VI, Nr. 3, 4).

Akte Scheidemann (ohne Signatur, zit. mit "ASD")

5. Osobij-Arkiv ("Sonder-Archiv") Moskau, Vyborgskaja 3 (am olympischen Wasserstadion gelegen)

K-7a/ 177
500/ 90/ 24
3/ 474/ 139
121/ 1/ 46
1/ 18/ 1/ 379/ 1
500/ 1/ III/ 32
500/ 1/ 90/ 24
500/ 3/ 474/ 139
593/ b 57c
7/1986/ 1/ 691/ 232

Akten der Reichsregierung, die von der Gestapo übernommen worden waren und im Osobij-Archiv aufbewahrt, katalogisiert und in Findbücher systematisch aufgenommen wurden, sind, wie es diese einzeln verzeichnen, zwischen 1955 und 1959 sowohl an das Parteiarchiv der SED nach Ost-Berlin, wie auch an das Deutsche Zentralarchiv, später genannt Zentrales Staatsarchiv (jetzt Bundesarchiv-Abteilungen Potsdam) zurückgegeben worden. Nun sind sie seit Sommer 1992 zugänglich. Ich danke der Deutschen Forschungs-Gemeinschaft für die Gewährung eines Reisestipendiums nach Moskau.

4.2 Philipp Scheidemanns Daten

Scheidemanns Lebenslauf

1865	26. Juli in Kassel geboren; am 13. 8. 65 in der ev.-ref. Altstädter Gemeinde get. TR Nr. 40312 in Band 12, Seite 131, Nr. 1078
1866	Hessen wird preußisch
1874-79	(so Familienbibel) Besuch der Höheren Bürgerschule Hedwigstraße, Cassel; wegen Tod d. Vaters [1879] 1879 abgebrochen
1878	Fahneschwenken vor dem Cassel besuchenden Kaiser Wilhelm I.
1878	21. Okt.: Gesetz gegen die Socialdemokratie, verlängert bis 1890
1879-83	Drucksetzerlehrzeit bei d. Fa. Gebr. Gotthelft in Kassel; 1883 Eintritt in SPD April 83; Gesellenprüfung Ende d. Jahres
1884	Jan.-Okt. auf der Walz nach Norddeutschland
1885-87	Rückkehr nach Kassel; Austragen v. verbotenen Flugschriften; Arbeiten bei "Hessischer Morgenzeitg.", Volksfreund", "Casseler Zeitung"
1888-94	in Marburg bei der Akademischen Buchdruckerei; Mitbegründer des SPD-Ortsvereins
1889	17. Apr. bürgerliche u. kirchliche Heirat mit Friedrike Johanna Louise Dibbern, geb. 17. Nov. 1864 luther. Konf. Bezirksvorsteher des Verbandes dt. Buchdrucker;
1895	Zeitungshersteller der wöchentl."Mitteldeutschen Sonntagszeitung" der SPD in Gießen: v. Dr. Eduard David übernommen
1896	nicht gewählter RTkandidat in Gießen
1898	RTKandidat Solingen
1900	Ltd. Redakteur der "Fränkischen Tagespost", Nürnberg
1902-05	Leitung der Offenbacher Parteizeitung
1903	Scheidemann [Solingen], Dr. Eduard David [Mainz], Matthias Erzberger [Biberach] in den Reichstag gewählt
1903-18	Reichstagsabgeordneter für Solingen
1904	8. Febr. zwei Jungfernreden auf einmal im Reichstag 1905-11 Chefredakteur des "Casseler Volksblattes"; ab 1909 allsonntäglich mundartliche "Geschichderchen" von "Henner Piffendeckel" [hrsg. in Cassel 1910]
1906-11	Mandat als Stadtverordneter in Cassel
1908	3. Lesung der Etatrede von August Bebel übernommen 5. Dez. SPD-Redner f. Beratungen des Jahresetats
1911	zum Mitglied des Parteivorstands beim SPD Parteitag von Jena gewählt: macht Umzug nach Berlin notwendig; zuständig für Pressekommission u. Parteischulung
1912	SPD mit 110 Abgeordneten stärkste Fraktion im RTag
1912	9. Febr.-8. März Erster Vizepräsident des RTgs; wegen "knallroter Majestätsbeleidigung" abgewählt; (1917 abermals gewählt)
1912-14	mehrmals für Verständigung mit Frankreich eingetreten
1913	Einladung in die USA von der "German Language Federation" (USA Gewerkschaft) zu Vortragsreisen im Sept. Parteitag in Jena: Mitvorsitz RT.s-SPD Fraktion
1914	Pfingsten: Zweite Baseler Konferenz

1915 Auseinandersetzg. mit belgischen Sozialdemokraten und ihrem Minister Vandervelde
1915-16 wöchentliche Berichte für die N.Y.er "Jewish Daily Forward" in jiddischer Übersetzung aus seiner deutschen Fassung der NY Volkszeitung übertragen
1916 Redeschwierigkeiten im eigenen Wahlkreis Solingen; mit Ebert Fraktionsvorsitzender
1917 ab 1. Febr. unbeschränkter U-Boot Krieg: daraufhin am 6. 04. Kriegserklärung der Vereinigten Staaten; April Herausdrängung der späteren USP[D]; tiefgehende Wahlrechtsreform für Preußen angekündigt; Apr./Mai: Verständigungskonferenz in Kopenhagen; im Juni Konf. in Stockholm mit Friedensvorschlägen der SPD; im Aug. in Holland; 19. 07. Friedensresolution des RTgs. durch die Mehrheitsparteien; abermals zum Ersten Vizepräsdt. RTs. gewählt (Bronzebüste vom Bildhauer "H.K." in diesem Jahr gegossen); Okt.: Konstituierung der USP[D] (Haase/Ledebour/Kautsky) in Gotha; 14.-20. einziger Kriegsparteitag d. SPD in Würzburg; Lenin in St. Petersburg eingetroffen
1918 3. Januar: Wilsons 14 Punke: "Ordnungsprinzip" oder "Selbstbestimmungsgedanke"? Streiks deutscher Fabrikarbeiter im Dt. Reich; 26. 02. Rede über Friedensdiktat v. Brest-Litowsk; 3. 03. "Diktatfrieden" [kathol. RKz. G. v. Hertling] unterzeichnet; 23. Sept. Bedingungen einer Regierungsbeteiligung im "Vorwärts"; 26. 09. Regierungseintritt der SPD befürwortet; Eintritt in das Ministerium Prinz Max von Badens als Staatssekretär ohne Portefeuille; 9. Nov. gegen 14.00 Uhr eigenmächtiger Ausruf der Republik vom Berliner Reichstags-Lesesaal, gegen 21.30: Räteversammlung der Arbeiter= u. Soldatenrats im Zirkus Busch, wo die provisorische Volksbeauftragten-Regierung "anerkannt" wurde; ab 10. 11. Ebert 1. Volksbeauftragter; 8.-11.Nov. Verhandlungen M. Erzbergers in Compiègne mit Marshall Foch u. Unterzeichnung der deutschen Kapitulation u. des Waffenstillstands; 12. 11. gleiches Wahlrecht f. Männer u. Frauen (ab 20) im Programm des Rats der VB; Sch. "Finanzminister" (ursprüngl. 1918 Presseressort; später auch Außenpolitik nach Ausscheiden des VB Haases); ab 15. Nov. nannte sich der Rat der Volksbeauftragten im Reichsgesetzblatt "Reichsregierung"; der 19.Jan. 1919 als Wahltag u. d. 6. Febr. f. d. Konstituierung festgelegt. Weimar als Sitz der Deutschen Nationalversammlung im Kabinett beschlossen
1919 am 13. Febr. zum Reichsministerpräsidenten mit 329 v. 421 Stimmen gewählt; 7. Mai Übergabe der Friedensbedingungen an die Deutschen; 23. 5. Konferenz in Spaa (Belgien); Rücktritt des Kabinetts Scheidemann 100 Stunden vor (für den Fall der Ablehnung angekündigten) Wiederaufnahme des Krieges; 7. Okt. Erklärung vor der Nationalversammlung; Rücktritt v. Parteivorsitz am 9. Dez.; 19. Dez. Wahl zum Oberbürgermeister Kassels mit 48 von 86 Stimmen
1920 Nach Abspaltung der USPD von der MSPD Zusammenschluß der USPD Mehrheit mit der KPD; SPD-Parteitag Deutschlands 10.-14. Okt. in Kassel; Dr. David Bevollmächtigter des Reichs in Hessen
1920-25 Oberbürgermeister der preußischen Stadt Kassel
1920-33 Nationalversammlungs= u.Reichstagsabgeordneter für Kassel-Land (Hessen-Nassau) Wahlkreis 19; hält fast 50 Versammlungen pro Jahr im Dt. Reich bis 1933

105

1922	Pfingsten glimpflich abgelaufenes Blausäureattentat auf Sch. in Gegenwart seiner Tochter Luise u. Enkelin Johanna (jetzt verwitw. Pirschel), im Oberen Druseltal des Habichtswalds vor Kassel; Wiedervereinigung der verbliebenen USPD mit der SPD a.d. Nürnberger Parteitag im Sept.
1924	Vorstandsmitglied d. Deutschen Städtetags Buchdruckerdelegierten-Konferenz der SPD in Kassel
1926	Ende Aug. Tod seiner Frau ; 16. Dez. berühmte Reichstagsrede gegen die illegale Aufrüstung Deutschlands und die heimliche militärische Zusammenarbeit mit der Sowjetunion
1932	Mitglied des Schutzverbandes deutscher Schriftsteller
1933	3./4. März Flucht über Salzburg in die Tschechoslowakei: Aberkennung der Staatszugehörigkeit
1936	im Juni von der Buchdruckerinnung ins Erholungsheim "Römisches Ufer" nach Budapest eingeladen
1937	Incognito Aufenthalt in Versailles
1939	am 29. Nov.in Kopenhagen an Krebs gestorben; dort am 5. Dez. unter großer Anteilnahme feierlich kremiert
1954	Überführung der Urne durch den ehemaligen Kopenhagener OBM Hans-Peter Sörensen nach Kassel; am 21. Nov. endgültige Bestattung auf dem Kasseler Hauptfriedhof.

Wohnsitze

1865-83 Cassel = Kassel (mit Ausnahme von 5 Monaten des Jahres 1878 in Horsovice bei Prag; danach Leipziger Str. 5/Ecke Holzmarkt)

1884 zehn Monate auf Wanderschaft in Norddeutschland

1884-88 hauptsächlich in Kassel: heimliche Parteipressearbeit; Freistellung als einziger "Ernährer" vom Militärdienst

1888-94 Universitätsstadt Marburg: Geburt der Töchter Lina, verh. Katz [1889-1933], Luise [1891-1955] und Hedwig, verh. Henck [1893-1935]

1895-99 Universitätsstadt Gießen

1900-02 Nürnberg

1902-03 Hauptwohnsitz Offenbach und Frankfurt/Main

1903-04 Solingen und Berlin

1905-11 Kassel, Gutenbergstr. 5; Europareisen

1912-20 Berlin-Friedenau, Lenbachstr. 6 a

1913 USA-Reise vom 23. 9. - 25. 11.

1920-25 OB Amtswohnung Kassel, Wilhelmshöher Allee 5

1925-30 Berlin-Charlottenburg; Berlinerstr. 54

1930/31-33 Berlin-Charlottenburg; Berlinerstr. 66

1933-34 um Ostern, bei Dr. Simon, Karlsbad; z'Braslav b. Prag; Wohnung in Prag

1934-39 seit August, Kopenhagen, Strandboulevard 16

Ernennungen und Rücktritte

1903 bis Juni 1933 Reichstagsabgeordneter

6. Juli 1917 bis 30. Sept. 1918 im Interfraktionellen Ausschuß des Reichstags

Okt. 1917 bis Dez. 1919 SPD-Mitvorsitzender

5. Oktober bis 9. November 1918 Staatssekretär ohne Portefeuille

10. November 1918 bis 11. Februar 1919 [anfangs zweiter, später gleichberechtigter erster] Volksbeauftragter

12. Febr. bis 20. Juni 1919 Reichsministerpräsident [=Kanzler]

17. Jan. 1920 bis 30. Sept. 1925 Kasseler Oberbürgermeister

Okt. 1925 bis Febr. 1933 Wahlredner des Reichstags, Wahlkreis 19 (Hessen-Nassau)

Aug. 1933 prominenter Ausgebürgerter Deutschlands

Scheidemanns Abstammung von mittelalterlichen Herrschern

1. (Sachse) Otto I. oo Edgitha

   Liutgard oo Konrad d. Rote

   Otto v. Nahegau oo Judith

   Heinrich v. Worms oo Adelheid v. Metz

   (Salier) Konrad II. oo in 3. Ehe mit Gisela v. Schwaben

   Heinrich III. oo in 2. Ehe mit Agnes v. Poitou

   Heinrich IV. oo Bertha v. Savoyen

   Agnes oo Friedrich I. v. Schwaben

   Friedrich II.   oo
   oo in 2. Ehe mit   oo in 1. Ehe mit
   Agnes von Saarbrücken   Judith v. Bayern

10. Jutta oo Ludwig v. Thüringen   Friedrich I. oo Beatrix v. Burgund

    Hermann v. Thüringen oo   Heinrich VI. oo Konstanze von Sizilien
    Sophie v. Bayern

    Jutta oo Poppo v. Henneberg   Friedrich II. oo Elisabeth v. England

    Liutgard oo Joh. v. Mecklenburg   Margarethe oo Albrecht v. Meißen

    Elisabeth oo Gerhard v.
    Holstein   Friedrich I. v. M. oo Elisabeth v. Lobdaburg

    Elisabeth oo Burchard v. Wölpe   Friedrich II. v. M. oo Mechthild v. Bayern

    Elisabeth v. Wölpe oo   Friedrich III. Meißen oo Katharina v. Henneberg
    Heinrich v. Schwalenberg

    Helene oo   Friedrich I. v. Sachsen oo
    Konrad v. Schönberg   Katharina v. Braunschweig-Lüneburg

    Burchhard v. Schönberg oo   Anna v. Braunschweig-Lüneburg oo
    Jutta v. Wohldenberg   Ludwig I. v. Hessen

    Heinrich v. Schöneberg oo   Heinrich III. v. Hessen o-o
    Maria v. Büren   Christina

20. Jutta oo Herm. Spiegel z. Desenberg   Contzel oo Ludwig Orth

S. Spiegel z. Desenberg oo   Catharina Orth oo
Else v. Zerssen   Hans Grebe

Jutta Spiegel z. Desenbg. oo   Anna Grebe oo
Hans v. Stockhausen   Balthasar (v.) Weitershausen

Jutta v. Stockhausen oo   Anna (v.) Weitershausen oo
Arnold v. Siddessen   Cunrad Lauck

Arnold v. Siddessen oo   Elisabeth Lauck oo
Walbg. Spiegel v. Desenbg.   David Stipp(ius)

Friedrich v. Siddessen oo   David L. Stipp(ius) oo
Margaretha v. Weiters   Anna Schnellen

Anna M. v. Siddessen oo   Valentin Stipp(ius) oo
Henrich Bischoff   Eva Bornemann

Anna C. Bischoff oo   Anna M. Stipp oo
Caspar Feuring   Andreas Francke

Johann C. Feuring oo   Johannes Francke oo
Dorothea E. Görges   Sabina E. Laufmann

Maria M. Feuring oo Caspar Bönning Sen.

30. Caspar Bönning Jun.   oo Martha C. Francke

Maria E. Bönning   oo Caspar Scheidemann

Philipp H. Scheidemann   oo Elisabeth Mergenthal

Friedrich H. Scheidemann   oo Wilhelmine Seligmann-Pape

Philipp H. Scheidemann[109]   oo Johanna F. Luise Dibbern

---

[109] S. Johannes Friedrich Jacobs, in: Genealogie, 13. Band, 25. Jahrgang Heft 5, Mai 1976, S. 129-133 und S. Weinfurter, in: Salier-Ausstellungskatalog 1991, S. 285.

4.3 Veröffentlichungen Philipp Scheidemanns

I. Selbständige Veröffentlichungen

A. Heimatliteratur und Reisebericht

1. Henner Piffendeckel [d.i. Ph. Sch.], Casseläner Jungen. Mundartliche Geschichdcherchen. Verlag Heinrich Bechmann & Co. 1910. 2. Aufl. Hofbuchhandlung Carl Vietor 1910; 3. unveränd. Aufl. Verlag Weser-Main (J. Kämpfer Verlag) Kassel o.J. 88 S.[110]

2. (Philipp Scheidemann), Zwischen den Gefechten, hg. von [Dr. Helphand-] Parvus. Poeschel und Trepte Leipzig 1926. 152 S. Wiederabgedruckt im Verlag für Sozialwissenschaft Berlin.[111]

B. Politische Bücher

1. Der Zusammenbruch. Verlag für Sozialwissenschaft Berlin 1921. 251 S. [Frz. Übersetzung u.d.T.: L'Effondrement. Payot Paris 1923.]

2. Memoiren eines Sozialdemokraten, 2 Bde. Carl Reissner Verlag Dresden 1928. 433, 443 S. Ungekürzte einbändige Volksausgabe mit neuem Vorwort des Verfassers. Carl Reissner Verlag Dresden 1930. VIII, 433, 443 S. [Engl. Übersetzung u.d.T.: Memoirs of a Social Democrat. Hodder & Stoughton. London St. Paul's House Warwick Square 1929.]

II. Selbständige Broschüren und Buchkapitel

1. Die Sozialdemokratie und das stehende Heer. Vorwärts Verlag 1911. (Sozialdemokratische Flugschriften, H. V) 16 S.

2. Imperialismus oder Sozialismus. Buchhandlung Vorwärts Paul Singer & Co. Berlin 1912. 16 S. [Vermutlich Teilautorschaft von Dr. Helphand]

3. Es lebe der Frieden! Verlag Buchhandlung Vorwärts Paul Singer & Co GmbH Berlin 1916. 32 S.

4. Die deutsche Sozialdemokratie über Krieg und Frieden, hg. im Auftrage des Vorstandes der SPD, 2 Hefte. Verlag der SPD Berlin 1916-17.

---

[110] Ursprünglich im Kasseler Volksblatt zwischen 1907-1909 in sonntäglichen Fortsetzungen erschienen. Kassel wurde bis etwa 1922 mit "C" geschrieben.
[111] Ursprünglich als US-Reiseberichte 1913 in fünf Folgen in der "New Yorker Volkszeitung" und im "Vorwärts" erschienen.

5. Papst, Kaiser und Sozialdemokratie in ihren Friedensbemühungen im Sommer 1917. Verlag für Sozialwissenschaft Berlin 1921. 26 S.

6. Der Über-Ludendorff: Vernichtendes Material zur Dolchstoßlegende. Verlag für Sozialwissenschaft Berlin o.J.

7. Für Volk und Vaterland. Verlag für Sozialwissenschaft Berlin 1925. 106 S.

8. Fürsten-Habgier: Die Forderungen der Fürsten an das notleidende Volk. Kasseler Volksblatt Kassel 1926. 24 S.

9. Die Sozialdemokratie und der Krieg. In: Friedrich Ebert und seine Zeit. Gedenkbuch. Einführung von Paul Löbe. Dr. Glas & Co (Berlin-) Charlottenburg o.J. (1928). S. 127-182.[112]

III. Gedruckte Abgeordneten-Reden

1. Die Friedensfrage. Reichstagsrede vom 9. Dez. 1915. Verlag Georg Stilke Berlin 1915. 31 S.

2. Reichstagsrede vom 28. Febr. 1917. In: Erste Beilage des "Vorwärts". Berliner Volksblatt 1917.

3. Frieden der Verständigung. Reichstagsrede vom 15. Mai 1917, hg. vom Vorstand der SPD. Verlag der SPD Berlin 1917. 16 S.

4. Rede vor dem Reichsmarine-Amt vom 26. Nov. 1918. Admiralsdruckerei Berlin 1918. 6 S.

5. Der Feind steht rechts. Rede in Kassel vom 11. Sept. 1919. 15 S.[113]

6. Zur Ermordung Erzbergers. Reichstagsrede vom 30. Sept. 1919. Verlag für Sozialwissenschaft Berlin 1919.

7. Arbeiter seid einig! Rede in der Nationalversammlung vom 7. Okt. 1919. Verlag für Sozialwissenschaft Berlin 1919. 15 S.[114]

8. Deutschland in der Welt voran. Reichstagsrede vom 30. Jan. 1922. Verlag für Sozialwissenschaft Berlin 1922.

9. Die rechtsradikalen Verschwörer. Reichstagsrede vom 12. Mai 1923. Verlag für

---

[112] Verarbeitet Gedanken aus oben Nr. 1 und 4 und zitiert Teile aus Nr. 7.
[113] Scheidemann betont in seinem nachgelassenen Memoirenmanuskript, daß dieser Aufsatz vor dem Kapp-Putsch veröffentlicht wurde.
[114] Gedruckt in 200.000 Exemplaren.

Sozialwissenschaft Berlin 1923. 27 S.

10. Wollen wir einen Kriegsreichstag? Reichstagsrede vom 11. März 1924. Verlag für Sozialwissenschaft Berlin 1924.

11. Gegen die Kriegsschuldlüge: Für Frieden - Arbeit - Brot. Reichstagsrede vom 28. Juli 1924. J. H. W. Dietz Nachf. Berlin 1924. 16 S.

12. Entweder oder. Reichstagsrede über die Reichswehr. In: Volksstimme Frankfurt 16. Dez. 1926.

IV. Politische Zeitungs- und Zeitschriftenaufsätze[115]

1. Berliner Brief. In: Kasseler Volksblatt 17. 4. 09.

2. Berliner Brief. In: Kasseler Volksblatt 23. 2. 10.

3. Kaiser Franz-Josephs Abdankungsdrohung. In: Berliner Morgenpost 2. 4. 12.

4. Berliner Brief: Naumann bläst wieder Fanfare. In: Kasseler Volksblatt 9. 8. 13.

5. Parlament oder Kaschemme. In: Frankfurter Zeitung 2. 4. 15 (Wiederabdruck in: 8 Uhr Blatt 13. 12. 29).

6. Unser Wille zum Frieden. In: Dresdner Volkszeitung 16. und Bochumer Zeitung 19. 3. 16.

7. Das Volk über Krieg und Frieden. In: Kasseler Volksblatt 29. 8. 16.

8. Verteidigung und Frieden. In: Vossische Zeitung, Berliner Tageblatt 17. 11. 16.

9. Antwort an Eduard Bernstein. In: "Vorwärts" 3. 12. 16.

10. Die sozialdemokratische Friedensaktion. In: Arbeiter-Zeitung Dortmund 20. 12. 16.

11. Der Krieg und das deutsche Volk. In: Hannoverscher Kurier 15. 3. 17.

12. Schießverbot vom 8. und 9. November. In: Deutsche Tageszeitung 13. 6. 19.

13. Koalition und Ideal. In: "Vorwärts" 3. 10. 19.

14. Rückblick und Ausblick/Umschau am 9. November. In: Hamburger Echo 9. 11. 19.

---

[115] Die in Anmerkungen 110 und 111 erwähnten Vorstufen zu seinen beiden nicht-politischen Büchern und seine Redaktionsartikel, die er von 1898 - 1908 verfaßte, werden hier weggelassen.

15. Demokratie oder Rätediktatur? In: 8 Uhr Abendblatt 12. 7. 20.

16. Versammlungsreferenten. In: "Vorwärts" 15. 1. 21.

17. Ruhrgebiet. In: Berliner Lokal Anzeiger 15. 2. 22.

18. Mehrheit ohne Klarheit. In: Kasseler Volksblatt 18. 2. 22.

19. Entwicklung zum Pogrom. In: "Vorwärts" 12. 7. 22.

20. Zur Politik der SPD. In: Kasseler Volksblatt 27. 11. 23.

21. Rückblick und Ausblick. In: Kasseler Volksblatt 31. 1. 24.

22. Marburger Jahre. In: Kasseler Volksblatt 4. 7. 25.

23. Das Heidelberger Programm. In: 8 Uhr Abendblatt 19. 9. 25.

24. [Oberst a. D.] Nikolai an der Arbeit / Die Republik war die Rettung. In: Kasseler Volksblatt 18. 2. 26.

25. Zum Kampf gegen die Reaktion. In: Deutsches Reichsbanner 1. 11. 26.

26. Parteitag in Kiel. In: Kasseler Volksblatt 28. 5. 27.

27. Schön Wetter wollens haben. In: "Vorwärts" 16. 7. 27.

28. Erzbergers Todestag / Der enthüllte Ludendorff. In: Kasseler Volksblatt 25. 8. 27.

29. Nie wieder Krieg. In: 8 Uhr Abendblatt 14. 9. 27.

30. Wilhelms Flucht. In: Kasseler Volksblatt Nr. 306/1927.

31. Um den Herzogshut von Kurland. In: Kasseler Volksblatt 3. 12. 27.

32. Auf dem Podium. In: Volkswacht 5. 12. 27.

33. Von Weihnacht zu Weihnacht. In: Volksstimme Frankfurt 24. 12. 27.

34. Kirchenaustritt. In: "Vorwärts" 27. 12. 27.

35. Antwort. In: Kasseler Volksblatt 3. 1. 28.

36. Wie "Er" floh. In: Kasseler Volksblatt 12. 1. 28.

37. General Gröner. In: 8 Uhr Abendblatt 19. 1. 28.

38. Nach Sibirien. In: Kasseler Volksblatt 6. 2. 28.

39. Schild und Schwert der Republik. In: Volksstimme Frankfurt 30. 6. 28.

40. Die Republik war die Rettung (Zum Verfassungstag). In: 8 Uhr Abendblatt 10. 8. 28.

41. Wie es im deutschen Frontheer aussah. In: Montag Morgen 13. 8. 28.

42. Nachwort zur Verfassungsfeier. In: Münchner Post 17. 8. 28.

43. Zum 10. Geburtstag der deutschen Republik. In: Volksstimme Frankfurt 8. und Kasseler Volksblatt 9. 11. 28.[116]

44. Vor 10 Jahren des Kaisers Sorgen. In: Berliner Morgenpost 28. 11. 28.

45. Die Nazi-Röhmlinge. In: Berliner Morgenpost 28. 11. 28.

46. Friede auf Erden. In: Volksstimme Frankfurt 24. 12. 28.

47. Stresemanns Freunde. In: Volksstimme Frankfurt 15. 3. 29.

48. Fürst Bülow der Liebenswürdige. In: 8 Uhr Abendblatt 2. 5. 29.

49. Grenzen der Duldsamkeit. In: 8 Uhr Abendblatt 10. 5. 29.

50. Der Maiputsch Generals v. Seeckt. In: Volksstimme Frankfurt 17. 5. 29.

51. Fehler aus denen man lernen soll. In: Das Reichsbanner 10. 8. 29.

52. Die neue völkische Welle. In: Kasseler Volksblatt 4. 9. 29.

53. Die Stunde haben wir ersehnt. In: 8 Uhr Abendblatt 19. 9. 29.

54. Die Kriegsschuld. In: Berliner Morgenpost 24. 9. 29.

55. 40 Jahre Kampf. In: Volksstimme Frankfurt, Ausg. zum Zeitungsjubiläum 1929.

56. Ein Kapitel zum Aufhängen / Zum Schutz der Republik. In: Kasseler Volksblatt 5. 10. 29.

57. Erinnerung an Bülow. In: Volksstimme Frankfurt 29. 10. 29.

58. Radikale Vorbilder. In: 8 Uhr Abendblatt 1. 2. 30.

59. Der Weg des Gesetzes. In: Illustrirte Republikanische Zeitung 15. 2. 30.

60. Spiel mit dem Feuer. In: Kasseler Volksblatt 5. und [u.d.T.: Dicke Luft oder das

---

[116] Siehe auch Sammelaufsatz im Berliner Tageblatt gleichen Datums.

Spiel mit dem Feuer] Volksstimme Frankfurt 6. 3. 30.

61. Ernstes und Heiteres aus dem Wahlkampf. In: Pfälzische Freie Presse 29. 9. 30.

62. Wir haben die Demokratie gerettet. In: 8 Uhr Abendblatt 8. 11. 30.

63. Fürst Bülow. Denkwürdigkeiten. In: Volksblatt Halle 6. 3. 31.

64. 10 Jahre Mord: Matthias Erzberger. In: 8 Uhr Abendblatt 25. und Kasseler Volksblatt 26. 8. 31.

65. Willkommener Besuch / Zur Bekämpfung der Schundliteratur. In: 8 Uhr Abendblatt 23. 9. 31.

66. Untergang oder Rettung. In: 8 Uhr Abendblatt 15. 10. 31.

67. Der nationaldeutsche Jude. In: Die Welt am Montag 19. 10. 31.

68. Der Versailler Unsinn. In: Vossische Zeitung 30. 10. 31.

69. Ich bin ein Früchtchen. In: Kasseler Volksblatt 12. 3. 32 (Wiederabdruck in: 8 Uhr Abendblatt 10. 12. 32).

70. Die Kettenhunde der Reaktion. In: Kasseler Volksblatt 21. 3. 32.

71. Die Beamten und das Dritte Reich [Frauenwahl]. In: Kasseler Volksblatt 30. 3. 32.

72. Wahlreden in Ludwigsburg. In: Neckarpost (Stuttgart) April 1932.

73. Die politische Macht der Frau. In: Kasseler Volksblatt 21. 4. 32.

74. Faschistische Regierung. In: Volksstimme Frankfurt 2. 5. 32.

75. Preußen darf kein zweites Braunschweig werden. In: Alarm Berlin 5. 5. 32.

76. Drei politische Antworten. In: Montag Morgen 9. 5. 32.

77. Die Kanzlerstürzer im Krieg (Friedensresolution Juli 1917). Kasseler Volksblatt 12. 7. 32.

78. Zusammenbruch von 1918 / Deutscher Verein Rio de Janeiro. In: Kasseler Volksblatt 27. 7. 32.

79. 373 Versammlungen[117] auf dem Lande. In: Das freie Wort 20. 9. 32.

---

[117] Zur graphischen Verarbeitung des Gesamttinerars 1925-33 s. Dokumentationsteil.

80. Verklagen Sie den Burschen [Gegen Beleidiger]. In: Kasseler Volksblatt 10. 10. 32.

81. Michel wach auf [Wahlaufruf]. In: "Vorwärts" 9. und Kasseler Volksblatt 14. 10. 32.

82. [Scheidemanns] Verleumder verurteilt / Hitler kommt zu Schleicher. In: "Vorwärts" 30. 11. 32.

83. Gegen Nazi-Mordbestien [Wahlaufruf]. In: Kasseler Volksblatt 5. 11. 32.

84. Die Armee des Dritten Reiches [Kriminalverbrechen]. In: "Vorwärts" 4. 1. 33.

85. Wieder Bülowplatz / Enthüllter Ludendorff. In: "Vorwärts" 21. 1. 33.

86. Drohbriefe an Philipp Scheidemann. In: Leipziger Volkszeitung 24. 1. 33.

87. 7 Tage nach Hitlers Regierungsantritt. In: Kasseler Volksblatt 6. 2. 33.

88. Die Novemberverbrecher. In: "Vorwärts" 12. 2. 33.

89. Frontgeister der S.P.D. In: Berliner Nachtausgabe 22. 2. 33.

90. Hitlers Hand am Pulverfaß. In: Volksrecht (Zürich) 29. 6. 1933.

V. Pseudonymen-Artikel

Die unter den Pseudonymen Hans Rheinländer in der Tschechoslowakei und Paul Hofer bzw. Henrik Philipp in Dänemark erschienenen Artikel sind nicht vom Verfasser, sondern aller Wahrscheinlichkeit nach von Frau Dr. Sybil Milton (früher Stanford University, jetzt im Holocaust Museum, Washington, D.C., tätig) gesammelt und in ihrer unveröffentlichten und nicht zugänglichen Ph.D.-Thesis gesammelt worden. Sie dürften als Grundgedanken in seinen nachgelassenen Manuskripten (s. VI. unten) wiedergekehrt sein.

VI. Im Exil entstandene politische Manuskripte Scheidemanns (Privatarchiv Pirschel-Scheidemann)[118]

1. Apologie in Briefform an Alsing Andersen zu: "Seine Exzellenz der Hochverräter", 1935, 15 S.

2. Würdigung seiner Selbst zum 70. Geburtstag am 26. Juli 1935. 2 S.

3. "Den Bestien entschlüpft", 1936, 63 S.

---

[118] Die Nachlaßverwalterin, die mir diese Akten freundlicherweise zur Auswertung überließ, konnte sich am Ende nicht auch zu einer Nachdruckerlaubnis derselben entschließen.

4. Ergänzungsschrift zu den 1928 in 2 Bdn. veröffentlichten Memoiren, der sog. "dritte Band", 1936-39, 118 S.

5. "Hitler will Herr des Erdballs werden", 1937, 38 S. (ohne Verfasserunterzeichnung überliefert).

VII. Briefwechsel

Der auf verschiedene Nachlässe verstreute Briefwechsel setzt mit einem Brief an Conrad Haenisch von 1899 ein und endet mit einer Postkarte an seine Familie vom Jahre 1939. Auch sein Briefarchiv fiel der Konfiszierung durch die Gestapo 1933 zum Opfer und wurde mit sehr hohem Wahrscheinlichkeitsgrad zusammen mit anderen Archivunterlagen im Auftrag Goebbels' verbrannt.

4.4 Literatur über Scheidemann und seine Zeit

1. Grundlegende Orientierungswerke in chronologischer Reihenfolge

Erich Matthias / Rudolf Morsey, Der Interfraktionelle Ausschuß 1917/18, 2 Teilbde. Droste Verlag Düsseldorf 1959.

Erich Matthias / Rudolf Morsey, Die Regierung des Prinzen Max von Baden. Droste Verlag Düsseldorf 1962. (Quellen zur Geschichte des Parlamentarismus und der politischen Parteien)

Die Regierung der Volksbeauftragten 1918/19, 2 Tle., bearb. von Susanne Miller / Erich Potthoff, mit einer Einleitung von Erich Matthias. Droste Verlag Düsseldorf: 1969. (Quellen zur Geschichte des Parlamentarismus und der politischen Parteien)

Erich Matthias, Zwischen Räten und Geheimräten. Die deutsche Revolutionsregierung 1918/19. Droste Verlag Düsseldorf 1970. (abgekürzte Ausgabe des vorigen Titels)

Das Kabinett Scheidemann. Akten der Reichskanzlei: Weimarer Republik, hg. von K.D. Erdmann / H. Mommsen, bearb. von Hagen Schulze. H. Boldt Verlag Boppard am Rhein 1971.

Klaus Schwabe, Deutsche Revolution und Wilson-Frieden: Die amerikanische und deutsche Friedensstrategie zwischen Ideologie und Machtpolitik 1918/19. Droste Verlag Düsseldorf 1971.

Susanne Miller, Burgfrieden und Klassenkampf. Die deutsche Sozialdemokratie im Ersten Weltkrieg. Droste Verlag Düsseldorf 1974.

Leo Haupts, Deutsche Friedenspolitik 1918-19. Eine Alternative zur Machtpolitik des Ersten Weltkriegs? Droste Verlag Düsseldorf 1976.

Karl Erdmann / Hagen Schulze (Hg.), Weimar: Selbstpreisgabe einer Demokratie. Droste Verlag Düsseldorf 1980.

Susanne Miller / Heinrich Potthoff, Kleine Geschichte der SPD. Darstellung und Dokumentation 1848-1990. Verlag J. H. W. Nachf. 7. Aufl. Bonn 1991.

2. Teilwürdigungen Scheidemanns

Otto Buchwitz, Philipp Scheidemann in der Emigration in Dänemark. Manuskript und Separatdruck o.O. 1963.

Golo Mann, Philipp-Scheidemann-Gedenkrede zum 26. Juli 1965, im Auftrag der Stadt Kassel 1965 als Separatdruck herausgegeben.

Philipp Scheidemann. Ein großer Sohn unseres Volkes. In: Sonderausgabe der Nordhessischen Zeitung Nr. 30/1965.

Manfred Jessen-Klingenberg, Die Ausrufung der Republik durch Philipp Scheidemann am 9. November 1918. In: Geschichte in Wissenschaft und Unterricht 19, 1968, S. 649-656.

Horst Lademacher, Philipp Scheidemann. In: Die deutschen Kanzler, hg. von Wilhelm v. Sternburg. Königstein im Taunus, Athenäum Verlag 1985. S. 161-175.

Wilhelm Ribhegge, Frieden für Europa. Die Politik der deutschen Reichstagsmehrheit 1917/18. Berlin Reimar Hobbing Verlag 1988. [Insbes. S. 43-90 zu Ph. Sch.].

4.5 Scheidemann-Dokumente

Ernennung zum Präsidenten des Reichsministeriums

Der Reichspräsident. R.P.192.

Jm Namen des Reichs ernenne ich Sie zum Präsidenten des Reichsministeriums.

Weimar, den 13. Februar 1919.

Bestallung
für den
Präsidenten des Reichsministeriums
Herrn Scheidemann
- - -

Zwei Briefe Eberts an Scheidemann

Brief 1

Der Reichspräsident. Weimar, den 22. Juni 1919.

Lieber Scheidemann!

Irgendein Mißverständnis bei der Anmeldung hat mich daran gehindert, heute morgen von Dir persönlich Abschied zu nehmen. Ich hoffe, daß wir uns in kurzem in Berlin sehen und uns dann noch über verschiedene Fragen aussprechen können. Meinen amtlichen Dank für Deine Tätigkeit habe ich in anliegendem Brief zum Ausdruck gebracht.

Mit herzlichen Grüßen

Dein
(handschriftlich) Ebert

Herrn
Ministerpräsidenten Scheidemann

B e r l i n .

(Quelle: AsD Bonn)

Brief 2

Der Reichspräsident. Berlin, den 23. Februar 1920.

Lieber Philipp!

Es ist nicht zu leugnen, daß die Reform der Beamten- und Reichswehrbesoldung sehr große finanzielle Aufwendungen erfordert und zu weitgehenden Konsequenzen für die Länder, Gemeinden und die Privatwirtschaft führt. Aber die entsetzliche Geldentwertung zwingt uns zu dem Vorgehen. Ich habe die Dinge im einzelnen nachgeprüft. Gewiß, es wird da und dort erhebliche Meinungsverschiedenheiten geben, im allgemeinen ist über das Notwendige aber nicht hinausgegangen. Dabei ist Sorge getragen, daß durch die Festsetzung von Grundgehalt und Teuerungszulage und das System der Ortszulagen eine Anpassung des Einkommens an die Schwankungen des Geldwertes und die örtlichen Verhältnisse möglich ist. Auch politische Gesichtspunkte mußten berücksichtigt werden. Soll der Beamtenapparat nicht ganz versagen und das verbleibende kleine Fähnlein von Soldaten den schweren Aufgaben einigermaßen gerecht werden, dann müssen wir die Beamten und Soldaten soweit als möglich vor wirtschaftlicher Not schützen. Hier handelt es sich um das Rückgrat des ganzen staatlichen Gefüges, mit ihm steht und fällt alles.

Die Finanzierung der Gemeinden ist allerdings ein sehr trübes Kapitel. Soweit das Reich in Betracht kommt, muß die Frage beim Landesbesteuerungsgesetz, das im Ausschuß der Nationalversammlung beraten wird, entschieden werden. Ich nehme an, daß die Kommunalpolitiker da nach dem Rechten sehen.

Ich werde aber gelegentlich noch besonders im Sinne Deiner Anregung mit dem Reichsfinanzminister sprechen.

Mit freundlichem Gruß
Dein

(handschriftlich) Fritz.

Handschriftliches Postskriptum:

Eben erhalte ich Deinen Brief mit dem Flugblatt. Die Schamlosigkeit scheint bei dem Geschmeiß grenzenlos zu sein. Ich werde noch heute mit Noske sprechen.

(handschriftlich) E

Nach Kassel an OB Scheidemann

(Quelle: PPS)

"Narrenseil"-Flugblatt

Flugblatt zur Stadtverordnetenwahl 1924. Aus der Sicht der bürgerlichen Opposition wird hier der sozialdemokratische Oberbürgermeister Philipp Scheidemann als Narr gesehen, der die Fäden vom "roten" Rathaus in der Hand hat.

(Quelle: Flugschriftensammlung des Stadtarchivs Kassel)

Gestapobefehl

Geheimes Staatspolizeiamt

B Nr. 15 903 - I 1 B.

Berlin SW 11, den 28. Mai 1934
Prinz-Albrecht-Straße 8

Beglaubigte Abschrift.

Auf Grund des § 1 des Gesetzes über die Einziehung kommunistischen Vermögens vom 26.5.1933 (RGBl.I S.293) in Verbindung mit dem Gesetz über die Einziehung staats- und volksfeindlichen Vermögens vom 14.7.1933 (RGBl.I S.479) und der Preußischen Ausführungsverordnung vom 31.5.1933 (GS.S.207) werden die am 10.8.33 bei Frau Hedwig H e n c k, Charlottenburg, Sybelstr.16 und Otto P i r s c h e Charlottenburg, Berliner Str. 67, sichergestellten Aufzeichnungen und Druckschriften des Philipp S c h e i d e m a n n, zurzeit im Auslande, zugunsten des Preußischen Staates eingezogen.

In Vertretung:
gez. Dr. B o d e .

Für richtige Abschrift:

Schmidt.

Kanzleiangestellte.

An
Herrn Otto P i r s c h e l,
Berlin-Charlottenburg,
Berliner Str. 67.

(Quelle: PPS)

Itinerar: Reden Philipp Scheidemanns bei Versammlungen zwischen 1925 und 1933

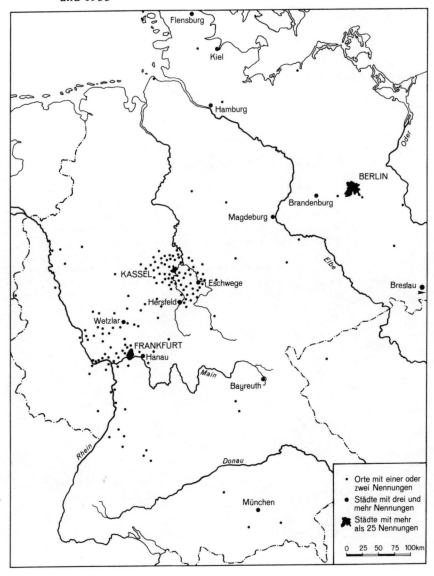